Natur statt Stress

Wie du die Natur für mehr Ruhe & Energie nutzt

von Dennis Höfurtner
@denniskreativ

Bibliografische Information der Deutschen Nationalbibliothek: Die Deutsche Nationalbibliothek verzeichnet diese Publikation in der Deutschen Nationalbibliografie; detaillierte bibliografische Daten sind im Internet über http:// dnb.dnb.de abrufbar.

Weitere Informationen und Hinweise zum Autor: denniskreativ.com

Verlag: BoD · Books on Demand GmbH, Überseering 33, 22297 Hamburg
bod@bod.de
Druck: Libri Plureos GmbH, Friedensallee 273, 22763 Hamburg

ISBN: 978-3-7693-7620-3

HEY! ICH BIN DENNIS

Ich liebe die Natur, lange Spaziergänge im Wald und das Gefühl von Abenteuer. Doch ich weiß, dass es nicht immer leicht ist, einen Zugang zur Natur zu finden – besonders, wenn der Alltag stressig ist oder man nicht weiß, wo man anfangen soll.

Deshalb habe ich dieses Buch geschrieben: Es soll dir helfen, Schritt für Schritt wieder mehr Natur in dein Leben zu bringen – ohne Stress, ohne große Umstellung, einfach mit kleinen, machbaren Herausforderungen.

Egal, ob du mitten in der Stadt oder am Land wohnst – die Natur ist näher, als du denkst. Lass uns gemeinsam auf Entdeckungsreise gehen!

denniskreativ

Inhalt

Warum wir die Verbindung zur Natur verloren haben..

Hast du dich schon einmal gefragt, warum wir Menschen uns so oft gestresst, ausgelaugt oder unzufrieden fühlen? Vielleicht fehlt uns genau das, wofür wir eigentlich gemacht sind: **die Natur.**

Früher war die Natur unser Zuhause. Wir sind barfuß über Wiesen gelaufen, haben am Lagerfeuer Geschichten erzählt und unser Essen direkt aus der Umgebung gesammelt. Heute leben wir zwischen Beton, Bildschirmen und künstlichem Licht – und merken oft gar nicht, wie sehr uns die Natur fehlt.

Doch die gute Nachricht ist: Die Natur ist immer noch da. Und sie wartet auf dich.

Was du durch mehr Naturkontakt gewinnst
Vielleicht kennst du das Gefühl, wenn du durch einen Wald spazierst, das Rauschen der Blätter hörst oder frische Luft tief einatmest. Für einen Moment wird der Kopf frei, die Gedanken kommen zur Ruhe, und plötzlich fühlt sich alles ein bisschen leichter an.

Studien zeigen, dass Natur:

✅ Stress reduziert und das Wohlbefinden steigert

✅ Kreativität und Konzentration fördert

✅ Den Körper stärkt – durch Bewegung und frische Luft

✅ Glückshormone freisetzt und gegen Müdigkeit hilft

Kurz gesagt: Mehr Natur = Mehr Lebensqualität.

Wie du dieses Buch nutzen kannst

Dieses Buch soll dir helfen, Schritt für Schritt mehr Natur in dein Leben zu bringen – egal, wo du wohnst oder wie viel Zeit du hast.

🍃 Du brauchst kein Outdoor-Experte zu sein

🍃 Du musst nicht auf einmal dein ganzes Leben umkrempeln

🍃 Es geht um kleine Veränderungen, die sich leicht in den Alltag einbauen lassen

🍃 Die coolen & einfach umsetzbaren Challenges helfen dir, schnell aktiv zu werden! Sie sind mit einem grünen Ausrufezeichen markiert!

Am Ende wirst du die Natur nicht nur mit anderen Augen sehen, sondern vielleicht auch ein Stück von dir selbst wiederfinden.

Bist du bereit? Dann lass uns starten!

Kapitel 1

MEINE MISSION IM INTERNET

Kapitel 1
Meine Mission im Internet

Früher hätte ich nie gedacht, dass mein Leben einmal so stark von der Natur geprägt sein würde. Ich war in einem ganz anderen Alltag gefangen – in einem 40-Stunden-Bürojob, der mich Tag für Tag müde machte. Mein Leben war getaktet, durchgeplant und irgendwie… farblos. Jeden Tag dieselben Wände, dieselben Abläufe, dieselben künstlichen Lichtquellen, die den Tag vorgaben, anstatt die Sonne. Es fühlte sich an, als würde mein Leben auf Autopilot laufen, als würde ich funktionieren, aber nicht wirklich leben.

Ich kann nicht genau sagen, wann der Moment war, in dem mir das alles bewusst wurde. Vielleicht war es, als ich an einem Freitagabend aus dem Büro ging und realisierte, dass ich den ganzen Tag keine frische Luft geatmet hatte. Vielleicht war es, als ich am Wochenende völlig erschöpft war und trotzdem dachte, ich müsste noch produktiv sein. Oder vielleicht war es auch einfach die Summe all dieser kleinen Dinge, die sich mit der Zeit angesammelt hatten – bis mein Körper und mein Kopf mir signalisierten: So geht es nicht weiter.

Als ich dann vor etwa eineinhalb Jahren wieder zur Natur fand, war es, als würde ich ein neues Leben beginnen. Ich weiß, das klingt kitschig, aber es fühlte sich wirklich so an. Als wäre ich aus einem langen Traum aufgewacht – einem Albtraum, in dem jeder Tag gleich war und ich nur noch funktionierte, statt zu fühlen. Plötzlich war da wieder etwas Echtes. Ich erinnere mich noch genau an einen meiner ersten bewussten Spaziergänge im Wald. Ich hörte den Wind durch die Blätter rauschen, spürte die kühle Luft auf meiner Haut, roch das feuchte Moos unter meinen Füßen – und merkte, dass ich das alles vorher nie wirklich wahrgenommen hatte.

So hatte ich mich zuletzt als Kind gefühlt. Damals, als die Welt noch voller Abenteuer war und man stundenlang draußen spielen konnte, ohne auf die Uhr zu schauen. (Und haha, damals hatten wir auch noch keinen 40-Stunden-Job!) Kinder erleben die Natur ganz anders – sie entdecken, sie staunen, sie leben im Hier und Jetzt. Und genau das hatte ich verlernt.

Aber so sehr ich diese neue Verbindung zur Natur genoss, war ich anfangs auch oft überfordert. Was sollte ich jetzt eigentlich tun? Einfach nur spazieren gehen? Einen Baum umarmen? Ein Lagerfeuer machen?

In einer Welt, in der wir alles durch Apps, Tutorials und Anleitungen lernen, fühlt es sich manchmal seltsam an, einfach in die Natur zu gehen und sich treiben zu lassen. Ich musste erst wieder lernen, wie man draußen „einfach ist".

Und dann wurde mir klar: Ich bin nicht der Einzige, dem es so geht. Überall sehe ich Menschen, die eigentlich raus wollen, die die Natur vermissen – aber nicht wissen, wie sie sie in ihren Alltag integrieren können. Wir haben uns so weit von unserer ursprünglichen Umgebung entfernt, dass wir manchmal vergessen, dass sie überhaupt noch da ist.

Also entschied ich mich, meine Erfahrungen zu teilen. Ich startete meinen Account @denniskreativ, ohne große Erwartungen. Ich wollte einfach nur zeigen, was mir geholfen hatte, wie ich die Natur wieder als etwas Natürliches in mein Leben integrierte. Und dann passierte etwas, womit ich nicht gerechnet hatte: Immer mehr Menschen fühlten sich davon angesprochen. Sie schrieben mir, dass sie das genauso empfinden. Dass sie auch wieder mehr draußen sein wollen. Dass sie sich von meinen Videos inspiriert fühlen, selbst rauszugehen.

Und da wurde mir klar: Das ist nicht nur mein persönlicher Weg. Das ist eine Mission. Eine Bewegung. Ein Umdenken.

Mit diesem Buch möchte ich all das weitergeben, was ich auf meiner Reise gelernt habe. Ich möchte dir zeigen, wie du die Natur wieder in dein Leben holen kannst – egal, ob du mitten in der Stadt lebst oder schon ein bisschen naturverbunden bist. Es geht nicht darum, gleich auszuwandern oder jeden Tag stundenlang draußen zu verbringen. Es geht darum, Stück für Stück eine echte Verbindung zur Natur aufzubauen.

Denn die Natur war nie weg. Sie war die ganze Zeit da. Wir müssen nur wieder lernen, sie zu sehen.

Kapitel 2

WARUM KINDER "BESSER LEBEN"

Kapitel 2
Warum Kinder "besser leben"

Wenn ich mich an meine Kindheit erinnere, sehe ich Bilder von Sommertagen, an denen die Zeit endlos schien. Ich sehe mich durch Wälder streifen, an Bächen spielen, mir Stöcke als Schwerter suchen und Baumstämme als Schiffe vorstellen. Ich sehe mich mit dreckigen Händen und aufgeschürften Knien, aber mit einem strahlenden Lächeln. Damals fühlte sich die Welt groß und voller Möglichkeiten an. Ein Wald war kein bloßer Haufen Bäume – er war eine Festung, ein Geheimversteck, ein Ort für Abenteuer.

Kinder erleben die Natur anders als Erwachsene. Sie gehen nicht einfach spazieren, um Schritte zu sammeln oder Stress abzubauen. Sie tauchen ein. Sie entdecken, erforschen, fühlen. Ein Pfütze ist für sie nicht einfach nur Wasser am Boden – sie ist ein Ozean, in dem kleine Wesen leben könnten. Ein Baum ist kein dekoratives Element der Landschaft – er ist eine Herausforderung zum Klettern, ein Zufluchtsort, ein magischer Riese, mit dem man sich unterhalten kann. Kinder nutzen ihre Fantasie, um die Welt um sich herum lebendig werden zu lassen, und genau das ist es, was sie so glücklich und frei macht. Aber dann passiert etwas Seltsames.

Mit dem Älterwerden verlieren wir genau diese Fähigkeit. Irgendwann spielen wir nicht mehr mit Stöcken, sondern scrollen durch Bildschirme. Wir klettern nicht mehr auf Bäume, sondern nur noch auf der Karriereleiter. Und ein Wald ist plötzlich nicht mehr ein magischer Ort voller Geheimnisse, sondern einfach eine grüne Fläche, die wir im besten Fall noch als „ganz nett" empfinden.

Warum passiert das? Warum verlieren wir diesen natürlichen Zugang zur Welt?

Meine Theorie ist: Es liegt nicht daran, dass wir als Erwachsene nicht mehr in der Lage sind, die Natur so zu erleben. Es liegt daran, dass uns beigebracht wird, dass es nicht mehr „angemessen" ist. Kinder dürfen herumrennen, laut sein, matschige Hände haben. Erwachsene sollen produktiv sein, organisiert, vernünftig. Wenn wir älter werden, füllen sich unsere Köpfe mit Regeln, Verpflichtungen und Erwartungen. Das Unbekannte wird nicht mehr als Abenteuer gesehen, sondern als Risiko. Das Draußensein wird nicht mehr als selbstverständlich empfunden, sondern als Luxus, für den wir uns bewusst Zeit nehmen müssen. Und das ist so schade. Denn genau in dieser kindlichen Art, die Welt zu sehen, steckt etwas, das wir alle brauchen – Leichtigkeit. Freiheit. Freude.

Kinder leben oft intuitiver, und das bedeutet auch: gesünder. Sie bewegen sich mehr, atmen frische Luft, sind neugierig auf ihre Umgebung. Sie sind nicht gestresst darüber, ob sie ihre To-Do-Liste abgearbeitet haben oder ob sie genug „leistungsfähig" waren. Sie sind einfach da, im Moment. Und dieser natürliche Lebensstil bringt ihnen so viele Vorteile, die wir als Erwachsene oft vermissen: ein starkes Immunsystem, weniger Stress, mehr Kreativität, ein besseres Körpergefühl.

Aber hier kommt die gute Nachricht: Nur weil wir älter werden, heißt das nicht, dass wir diese Verbindung für immer verlieren müssen. Die Natur ist nicht nur ein Spielplatz für Kinder – sie kann auch für uns Erwachsene ein Ort sein, an dem wir uns wiederfinden. Es geht nicht darum, kindisch zu sein, sondern kindliche Neugier wieder zuzulassen.

Vielleicht bedeutet das, barfuß über eine Wiese zu laufen, einfach weil es sich gut anfühlt. Vielleicht bedeutet es, einen Baum genauer zu betrachten, anstatt ihn nur als Teil der Kulisse wahrzunehmen. Machen wir den Selbsttest! Wie sehr hat dich das "Erwachsenwerden" bereits beeinflusst? Erkennst du noch die Abenteuer wie früher? Auf der nächsten Seite findest du meinen Lieblingstest: Die Welt durch Kinderaugen.

DIE WELT DURCH KINDERAUGEN

Mach den Test: Schreib auf, was du an diesen Orten tun würdest. Auf der nächsten Seite siehst du, wie Kinder sie erleben. Vielleicht erkennst du einen Unterschied?

1 Ein umgestürzter Baumstamm am Waldrand.

_____
_____

2 Ein versteckter Wasserfall am Anfang eines Flusses.

_____
_____

3 Eine Lichtung mit hohem Gras erstreckt sich vor dir.

_____
_____

4 Ein verborgener Pfad führt tiefer in den Wald.

_____
_____

5 Ein Vogel zwitschert in den Bäumen über dir.

_____
_____

6 Ein kleiner Bach plätschert am Wegrand.

_____
_____

Hier siehst du die Antworten, die Kinder auf die Fragen gegeben hätten. Und das Spannende daran? **Nichts davon ist nur für Kinder!** Vieles davon kannst du auch heute noch tun – du musst es dir nur erlauben.

1 Ein umgestürzter Baumstamm am Waldrand.
Balancieren, darauf springen, darunter durchkriechen, die Rinde und Pilze darauf untersuchen.

2 Ein versteckter Wasserfall am Anfang eines Flusses.
Hinter den Wasserfall klettern, darin "duschen", Blätter oder Holzstücke ins Wasser werfen und beobachten, wohin sie treiben

3 Eine Lichtung mit hohem Gras erstreckt sich vor dir.
Hineinfallen lassen, Insekten beobachten, aus den Halmen etwas flechten, verstecken spielen.

4 Ein verborgener Pfad führt tiefer in den Wald.
Hineingehen, schauen, wo er hinführt, Tiere und Spuren entdecken, sich eine Abenteuergeschichte dazu ausdenken.

5 Ein Vogel zwitschert in den Bäumen über dir.
Stehenbleiben und zuhören, versuchen, den Vogel zu entdecken, überlegen, was er wohl sagt, mitpfeifen.

6 Ein kleiner Bach plätschert am Wegrand.
Barfuß reingehen, Staudamm bauen, Boote aus Blättern schwimmen lassen, nach Fischen oder Fröschen suchen.

Als ich diesen Test zum ersten Mal selbst gemacht habe, war ich überrascht. Nicht nur darüber, wie sehr sich die Antworten unterscheiden, sondern auch darüber, wie selbstverständlich es für Kinder ist, sich völlig in einen Moment hineinzugeben. Sie sehen die Welt nicht nur – **sie erleben sie.** Ein Fluss ist für sie nicht einfach Wasser, das irgendwohin fließt, sondern eine Einladung. Ein Baum ist nicht nur eine Pflanze, sondern ein Klettergerüst, ein Versteck, vielleicht sogar ein magischer Ort.

Kinder denken nicht darüber nach, ob etwas „sinnvoll" oder „erwachsen" genug ist – sie tun es einfach. Sie probieren aus, lassen sich auf Abenteuer ein und entdecken mit spielerischer Leichtigkeit Dinge, an denen wir Erwachsenen oft achtlos vorbeigehen. Ihre Kreativität ist grenzenlos, nicht weil sie sich bewusst dazu entscheiden, kreativ zu sein, sondern weil es für sie der natürliche Zustand ist.

Aber warum verlieren wir das mit der Zeit? Wieso werden unsere Antworten so viel nüchterner, wenn wir älter werden? Ein Grund ist sicherlich, dass wir lernen, die Welt rationaler zu betrachten. Uns wird beigebracht, dass manche Dinge „unnötig" sind, dass man sich nicht schmutzig machen sollte, dass es wichtiger ist, Dinge „richtig" zu machen, anstatt sie einfach zu erleben.

Der Alltag strukturiert unser Denken, und irgendwann übernehmen wir unbewusst eine Art „Effizienzmodus" – wir wollen eine schöne Naturkulisse genießen, aber nicht unbedingt mit ihr interagieren.

Doch das Gute ist: All das ist nicht endgültig. Dieses kindliche Staunen, dieser spielerische Umgang mit der Natur – das ist nichts, was für immer verloren ist. Es ist nur vergraben unter all den Schichten der Vernunft und Gewohnheit. Und genau das ist der Punkt, an dem du ansetzen kannst.

Wenn dir der Test gefallen hat, dann nimm ihn als Einladung. Sieh ihn nicht nur als Moment der Reflexion, sondern als Startschuss. Warum nicht beim nächsten Mal, wenn du an einem Fluss stehst, ein Blatt hineinwerfen und beobachten, wie es davon treibt? Warum nicht barfuß über eine Wiese laufen oder einmal nachsehen, was sich unter einem umgestürzten Baumstamm versteckt? Es gibt keinen Grund, warum Erwachsene sich nicht genauso von der Natur mitreißen lassen können wie Kinder.

Ich hoffe, dass dir dieser Test Spaß gemacht hat – und vielleicht auch ein kleines bisschen die Augen geöffnet hat. Vielleicht wirst du beim nächsten Spaziergang durch den Wald oder am Wasser stehen und dich fragen: **„Was würde ich als Kind jetzt tun?"** Und dann einfach genau das tun.

Kapitel 3

IM ZEITALTER DER TECHNIK

Kapitel 3
im Zeitalter der Technik

Es ist ein Phänomen, das wir alle kennen: „Leg das Handy doch mal weg!" – Ein Satz, den wahrscheinlich viele von uns von ihren Eltern oder Großeltern gehört haben. Und seien wir ehrlich – Mama hatte recht. Smartphones und Computer haben unser Leben in einem unglaublichen Tempo verändert. Sie ermöglichen uns Zugang zu Informationen, Unterhaltung und sozialen Netzwerken. Doch gleichzeitig sind sie eine der größten Ablenkungen unserer Zeit.

Ich kenne das selbst nur zu gut. Wie oft habe ich mir vorgenommen, einfach nur kurz etwas auf meinem Handy nachzusehen – und plötzlich sind 30 Minuten vergangen. 30 Minuten, die ich eigentlich draußen hätte verbringen können. 30 Minuten, die ich damit hätte verbringen können, den Wind auf meiner Haut zu spüren oder Vögel zu beobachten. Aber stattdessen habe ich durch soziale Medien gescrollt, ein paar Videos angeschaut und Nachrichten beantwortet. Und dann ist da dieses Gefühl: die Zeit einfach „verloren" zu haben.

Gefangen im Bildschirm-Strudel

Beim schreiben dieses oberen Titels kam in mir die Lust auf einen leckeren Zimtstrudel, aber ich glaube ich schweife zu sehr ab.. wo waren wir? Achja: Smartphones sind überall. Morgens ist es das Erste, was viele Menschen in die Hand nehmen. Tagsüber begleitet es uns durch jede kleine Pause. Und selbst abends, wenn wir eigentlich abschalten sollten, ist es oft noch unser ständiger Begleiter. Die Natur hat dabei oft keine Chance – sie ist einfach zu ruhig, zu unspektakulär im Vergleich zur schnelllebigen, bunten und lauten Online-Welt.

Doch das ist genau der Punkt: Wir haben uns so sehr an ständige Reize gewöhnt, dass wir gar nicht mehr wissen, wie wertvoll die Stille sein kann. Die Gesellschaft bewegt sich immer mehr in Richtung Bildschirme – und immer weiter weg von der Natur. Während früher Kinder draußen spielten, Abenteuer erlebten und sich schmutzig machten, sitzen sie heute oft drinnen vor Tablets und Konsolen. Erwachsene sind nicht besser – Streaming, Social Media, E-Mails, Nachrichten, Arbeit – alles passiert auf einem Bildschirm.

Aber es gibt eine Lösung: **Technik nicht als Feind sehen, sondern als Werkzeug.**

Wie Technik uns helfen kann, die Natur (wieder) zu entdecken

Während Smartphones uns oft von der Welt ablenken, können sie uns auch helfen, uns mit ihr zu verbinden. Wenn man sie richtig nutzt, sind sie ein großartiges Werkzeug, um die Natur zu entdecken und zu erleben:

Navigation & Routenplanung: Apps wie Komoot, AllTrails oder Google Maps helfen dabei, neue Wanderwege und versteckte Naturorte zu finden.

Pflanzen- & Kräuterkunde: Mit Apps wie „PlantNet" oder „Flora Incognita" kann man Pflanzen bestimmen und mehr über ihre Nutzung und Wirkung erfahren.

Tiere & Spuren erkennen: Apps wie „BirdNET" helfen, Vogelstimmen zu identifizieren, oder man kann nach Tierspuren suchen und lernen, welche Tiere in der Umgebung unterwegs sind.

Naturmusik & Meditation: Wer in der Stadt lebt oder sich schwer tut, Ruhe zu finden, kann Naturklänge oder geführte Meditationen nutzen, um sich zu entspannen.

Fotografie & Naturdokumentation: Wer gerne Tiere beobachtet, kann mit seinem Smartphone tolle Aufnahmen machen und so ein eigenes „Natur-Tagebuch" führen.

Bewusst die Technik ausschalten

Aber trotz all dieser tollen Möglichkeiten bleibt eine Wahrheit bestehen: Manchmal sollte das Smartphone einfach aus bleiben. Wenn wir in den Wald gehen, müssen wir nicht jeden Moment festhalten, nicht jede Wanderroute aufzeichnen oder nach jedem Baum googeln. Manchmal reicht es, einfach da zu sein – ohne Ablenkung. Wer trotzdem erreichbar sein will, kann sich ein einfaches Klapphandy zulegen. Die gibt es für 20-30 Euro und sie erfüllen genau den Zweck, den Handys früher hatten: Sie halten für Notfälle den Kontakt zur Außenwelt aufrecht, ohne dass sie uns ablenken.

Doch nun werden wir selber aktiv! Die nächste Seite ist eine "Erlebnisseite" - solche findest du häufiger in diesem Buch, sie helfen dir, die gelesenen Kapitel viel bewusster wahrzunehmen und das Buch nicht einfach nur zu lesen, sondern zu *erleben*.

Ich wünsche dir viel Spaß in der Natur!

Kapitel 4

DER STRESS UND WIR

Kapitel 4
Der Stress und wir

Kennst du das Gefühl, wenn der Kopf einfach nicht mehr abschalten will? Wenn du von einem Termin zum nächsten hetzt, deine To-do-Liste länger statt kürzer wird und selbst in Momenten der Ruhe dieses nagende Gefühl bleibt, dass du noch etwas erledigen müsstest? Stress ist ein ständiger Begleiter in unserem Leben geworden – mal unterschwellig, mal überwältigend, aber immer irgendwie da.

Stress ist eine natürliche Reaktion unseres Körpers. Er stammt aus einer Zeit, in der unsere Vorfahren in der Wildnis lebten und jederzeit auf Gefahren reagieren mussten. Ein angreifendes Raubtier, ein plötzlicher Wetterumschwung oder Nahrungsmangel – in solchen Situationen war Stress überlebenswichtig. Der Körper schüttete Adrenalin und Cortisol aus, das Herz schlug schneller, die Muskeln spannten sich an, der Fokus wurde scharfgestellt. Kampf oder Flucht – das war die Wahl. Doch heute gibt es keine Raubtiere mehr, die uns verfolgen. Unsere Gefahren sind andere: Arbeitsdruck, Lärm, ständige Erreichbarkeit, volle Terminkalender. Der Körper reagiert jedoch immer noch gleich, auch wenn die Bedrohungen nicht mehr physisch sind.

Das Problem ist: Früher hatte Stress einen klaren Anfang und ein Ende. Heute bleibt er oft konstant. Wir hetzen durch den Alltag, verbringen Stunden vor Bildschirmen, wechseln von einer Aufgabe zur nächsten und gönnen uns kaum noch echte Pausen. Selbst wenn wir abends auf dem Sofa sitzen, scrollen wir durch unser Handy, füllen unseren Kopf mit Informationen und geben unserem Geist keine Chance, sich wirklich zu erholen. Kein Wunder also, dass viele von uns sich ständig müde, gereizt oder ausgebrannt fühlen.

Doch was wäre, wenn es eine natürliche Möglichkeit gäbe, diesen Stress zu reduzieren? Etwas, das wir nicht kaufen müssen, das keine Nebenwirkungen hat und das unser Wohlbefinden auf eine ganzheitliche Weise verbessert? Die Natur ist genau das.

Die Natur als Gegenmittel

Denk mal an einen Moment, in dem du in der Natur warst. Vielleicht ein Spaziergang im Wald, ein Tag am See oder einfach nur ein paar Minuten im Garten. Wie hast du dich dabei gefühlt? Wahrscheinlich ruhiger, klarer, entspannter. Das ist kein Zufall – unser Körper und unser Geist reagieren tief auf natürliche Umgebungen.

Studien zeigen, dass schon wenige Minuten im Grünen den Cortisolspiegel (also das Stresshormon) senken können. Unser Herzschlag wird ruhiger, die Atmung tiefer, der Körper entspannt sich. In der Natur schaltet unser Nervensystem um – von „Alarmbereitschaft" auf „Regeneration". Unsere Sinne werden wieder geschärft: Wir hören das Zwitschern der Vögel, spüren den Wind auf der Haut, riechen den erdigen Duft des Waldbodens. Und plötzlich sind wir nicht mehr gefangen in unseren Gedanken, sondern einfach nur im Moment.

Es gibt einen Grund, warum wir uns in der Natur so wohlfühlen: Wir gehören dorthin. Jahrtausende lang haben Menschen draußen gelebt, gejagt, gesammelt, geschlafen. Erst in den letzten Jahrhunderten haben wir uns von dieser Welt entfernt – und damit auch von einer wichtigen Quelle unserer inneren Ruhe.

Zurück zur Natur, zurück zu uns

Das bedeutet nicht, dass wir alle unser modernes Leben aufgeben und in den Wald ziehen müssen. Aber es bedeutet, dass wir bewusster mit unserer Umgebung umgehen sollten. Dass wir die Natur wieder in unser Leben integrieren – nicht als Luxus, sondern als Notwendigkeit.

Denn Stress gehört zum Leben dazu. Aber die Frage ist: Wie gehen wir damit um? Bleiben wir im Hamsterrad gefangen, oder erlauben wir uns Pausen, in denen wir auftanken können? Die Natur bietet uns genau diese Momente. Sie gibt uns Raum zum Atmen, zum Innehalten, zum Loslassen.

In diesem Buch geht es darum, wie du diese Verbindung zur Natur wiederfinden kannst – egal ob du auf dem Land oder in der Stadt lebst. Wie du kleine Rituale in deinen Alltag einbaust, die dir helfen, dich weniger gestresst und kraftlos zu fühlen. Und wie du die Natur nicht nur als Kulisse, sondern als einen echten Verbündeten sehen kannst.

Denn am Ende geht es nicht nur darum, weniger gestresst zu sein. Es geht darum, wieder mehr zu leben.

NATUR STATT STRESS

Dieser kleine Test hilft dir, zu erkennen, wann und wie du gestresst bist, und zeigt dir einfache Wege, wie du mit kleinen Natur-Momenten gegensteuern kannst.

1 Wann fühlst du dich am meisten gestresst?

(Kreuze an, was auf dich zutrifft.)

☐ Morgens nach dem Aufstehen
☐ Bei der Arbeit / in der Schule / im Studium
☐ In den Abendstunden
☐ Beim Einschlafen
☐ Wenn ich viele Nachrichten bekomme
☐ Wenn ich meine To-Do-Liste sehe
☐ Sonstiges: _____

2 Wie zeigt sich dein Stress am häufigsten?

☐ Ich bin ungeduldig und gereizt
☐ Ich habe Kopfschmerzen oder Verspannungen
☐ Ich fühle mich müde und erschöpft
☐ Ich kann schlecht abschalten
☐ Ich bekomme Heißhunger oder Appetitlosigkeit
☐ Sonstiges: _____

Nun, da du dir bewusst gemacht hast, wann und wie sich dein Stress zeigt, geht es darum, Wege zu finden, wie du dich wieder entspannen kannst. Die Natur hat eine erstaunliche Fähigkeit, uns in solchen Momenten zu beruhigen und den Kopf freizubekommen. Oft sind es kleine, einfache Momente, die große Wirkung haben können. Auf der nächsten Seite überlegen wir uns gemeinsam, wie wir deinem Stress entgegenwirken könnten!

NATUR STATT STRESS

Bevor du in die Natur eintauchst, plane bewusst, wann und wie du deine gewählte Aktivität umsetzen möchtest. Diese kleinen Pausen sind wie **Mini-Auszeiten**, die dir helfen, den Stress abzubauen und deine innere Ruhe wiederzufinden. Notiere dir ein Datum und eine Uhrzeit, damit du dir diese Momente fest einplanst und sie nicht vergisst. Jetzt ist der perfekte Moment, um deinem Körper und Geist etwas Gutes zu tun.

3 Welche Natur-Aktivität kannst du ausprobieren?

- ☐ 10 Minuten barfuß über Wiese oder Erde laufen
- ☐ Einen Spaziergang ohne Handy machen und bewusst atmen
- ☐ Einen Baum berühren und die Rinde fühlen
- ☐ Einmal am Tag für 5 Minuten einfach ins Grüne schauen
- ☐ Eine kleine Pause draußen in der Sonne oder im Wind nehmen
- ☐ Einen Bach oder Fluss beobachten und das Wasser rauschen hören
- ☐ Eine eigene kleine „Anti-Stress"-Routine mit Naturmomenten überlegen: _____

4

Reflexion (nach der Aktivität):
Wie hast du dich währenddessen gefühlt? Hat es deinen Stress verändert? Was hat dir besonders gutgetan?

_____

_____

Wie hast du dich während der Natur-Aktivität gefühlt? War es einfach, dich zu entspannen, oder musstest du erstmal zur Ruhe kommen? Denke darüber nach, ob diese kurze Auszeit deinen Stress wirklich verändert hat. Vielleicht hat dir besonders die Ruhe des Waldes, das Geräusch des Wassers oder einfach das Atmen an der frischen Luft gutgetan. Vielleicht hast du bei deiner Natur-Aktivität gespürt, wie gut es tut, sich für einen Moment von der Hektik des Alltags zu lösen. Manchmal reicht schon ein kurzer Spaziergang oder das Rauschen eines Flusses, um Stress abzubauen. Doch nun haben wir die erste bewusste Naturerfahrung gemacht, aber wie setzen wie das ganze nun im Alltag um? Wenn man nicht extra Tage vorher bereits einen "Termin" für die Natur freigeräumt hat? Die Antwort liegt in der **Routine.**

Kapitel 10

ROUTINE GEGEN STRESS

Kapitel 10
Routine gegen Stress

Warum eine regelmäßige Natur-Routine
so wichtig ist

Es gibt also unzählige Studien, die belegen, wie wichtig regelmäßige Zeit in der Natur für unser körperliches und psychisches Wohlbefinden ist?

Doch wie schaffst du es, diese Zeit auch wirklich in deinen Alltag zu integrieren, ohne dass es wie eine zusätzliche Verpflichtung wirkt? Die Antwort liegt in der **Routine**.

Eine regelmäßige Natur-Routine gibt dir nicht nur die Möglichkeit, regelmäßig neue Energie zu tanken, sondern hilft dir auch, eine tiefere Verbindung zur Natur aufzubauen. Sie wird nicht mehr nur zu etwas, das du tust, wenn du „Zeit hast", sondern zu einem festen Bestandteil deines Lebens.

Wie du Schritt für Schritt eine Natur-Routine aufbaust

Es muss nicht gleich ein täglicher, mehrstündiger Ausflug in den Wald sein. Der Schlüssel liegt in kleinen, aber regelmäßigen Einheiten.

Hier sind einige Tipps, wie du Natur-Rituale in deinen Alltag einbauen kannst:

- **Setze dir ein festes Ziel** – Vielleicht möchtest du jeden Tag 10 Minuten draußen verbringen oder an den Wochenenden einen längeren Spaziergang machen. Es geht nicht darum, Perfektion zu erreichen, sondern darum, eine Gewohnheit zu etablieren.

- **Nutze feste Zeiträume** – Plane feste Zeiträume in deiner Woche ein, in denen du dich in die Natur begibst. Nutze zum Beispiel die Mittagspause für einen kurzen Spaziergang oder den Abend für eine Runde im Park.

- **Sei flexibel, aber bleib dran** – Wenn du einmal eine Woche verpasst oder das Wetter nicht mitspielt, sei nicht zu hart zu dir selbst. Es geht um Beständigkeit und nicht um Perfektion.

FOLGST DU MIR EIGENTLICH SCHON
ÜBERALL AUF SOCIAL MEDIA?

♪ @DENNISKREATIV

Natur in deine wöchentliche Planung einbauen

Indem du Natur-Rituale in deinen Kalender einbaust, nimmst du dir bewusst Zeit für dich und für die Erde. Aber wie genau kannst du das schaffen? Hier ein paar Ideen, wie du Woche für Woche mehr Zeit draußen verbringen kannst:

Montag:
Beginne die Woche mit einem morgendlichen Spaziergang. Der frische Start in den Tag sorgt dafür, dass du wach und voller Energie in die Woche startest.

Mittwoch:
Nutze den Tag für eine kurze Natur-Auszeit während der Mittagspause. Wenn du die Möglichkeit hast, gehe in einen Park oder an einen kleinen Waldstück in deiner Nähe.

Freitag:
Starte das Wochenende mit einer längeren Wanderung oder einem Ausflug in die Natur. Nutze diesen Tag, um den Kopf freizubekommen und deine Gedanken zu ordnen.

Sonntag:

Verbringe den Sonntagabend draußen, sei es in deinem Garten, auf dem Balkon oder in einem nahegelegenen Park. So kannst du die Woche ruhig ausklingen lassen und dich gleichzeitig auf die nächste vorbereiten.

Mit der Zeit können diese kleinen Naturmomente zu festen Routinen werden – und genau das macht den Unterschied. Wenn du dir bewusst bestimmte Tage oder Zeiten für deine Naturpausen setzt, wird es irgendwann zur Gewohnheit, genau wie Zähneputzen oder der erste Kaffee am Morgen. Je mehr du die Natur in deine wöchentliche Planung integrierst, desto leichter fällt es dir, dranzubleiben. Vielleicht wird der Spaziergang am Montagmorgen zu deinem festen Ritual für einen klaren Kopf, oder der Freitagsspaziergang läutet jedes Mal dein Wochenende ein. Wichtig ist, dass du etwas findest, das zu dir und deinem Leben passt – und dann einfach dranbleibst.

ERLEBNIS-SEITE

Such die für diese Challenge drei Naturroutinen aus, die du in deinen Alltag implemeniteren möchtest. Es können bereits von mir erwähnte Routinen sein, du kannst dir aber auch natürlich gerne selber welche ausdenken! Teste sie ein paar Tage aus und schreibe deine Erlebnisse und Gedanken danach hier rein. So findest du raus, was dir leicht fällt und dir gefällt – so kannst du es danach gerne für eine längere Zeit in deinen Tag einbauen!

Welche Naturroutinen möchte ich in meinen Alltag einbringen?

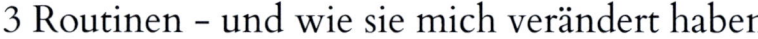

3 Routinen – und wie sie mich verändert haben

Doch das alles ist nur ein kleiner Einblick in das, was die Natur für unsere Gesundheit tun kann.

Unsere Umgebung hat einen viel größeren Einfluss auf unser Wohlbefinden, als wir oft denken. Während wir uns immer weiter von der Natur entfernen, nehmen gesundheitliche Probleme wie Stress, Schlafstörungen und Erschöpfung zu. Doch was wäre, wenn genau die Natur, die wir vernachlässigen, ein Heilmittel gegen viele dieser Beschwerden wäre?

Kapitel 5

DIE MEDIKAMENTE DES WALDES

Kapitel 5
Die Medikamente des Waldes

Wenn wir über Gesundheit sprechen, denken viele sofort an Ernährung, Sport oder medizinische Versorgung. Doch ein entscheidender Aspekt wird oft übersehen: die Natur. Sie ist eines der ältesten und wirkungsvollsten Heilmittel, das wir haben – und doch entfremden wir uns immer weiter von ihr. Unsere heutige Gesellschaft kämpft mit einer Vielzahl von gesundheitlichen Problemen, die vor einigen Jahrzehnten noch nicht in diesem Ausmaß existierten. Chronischer Stress, Schlafstörungen, Depressionen, Bluthochdruck, Konzentrationsprobleme – all das sind Leiden, die mit unserem modernen Lebensstil zusammenhängen. Und ein großer Teil dieses Lebensstils besteht darin, dass wir uns von unserer natürlichen Umgebung entfernt haben.

Warum wir immer kränker werden

Wir leben in einer Zeit, in der viele Menschen den Großteil ihres Tages drinnen verbringen. Ob im Büro, in der Schule oder zu Hause – wir sind umgeben von künstlichem Licht, Bildschirmen und Klimaanlagen. Unsere Augen sind ständig auf Displays gerichtet, unsere Bewegungen auf ein Minimum reduziert. Selbst in der Freizeit setzen sich viele lieber vor den Fernseher, anstatt rauszugehen.

Diese Lebensweise hat Folgen. Die Zahl der psychischen Erkrankungen steigt stetig, immer mehr Menschen leiden unter Schlafproblemen, und selbst Kinder verbringen oft mehr Zeit mit digitalen Geräten als mit echter Bewegung. Unser Körper und unser Geist reagieren darauf – mit Erschöpfung, Unruhe und einem Gefühl der Unausgeglichenheit.

Doch genau hier liegt die Lösung: Die Natur kann uns helfen, viele dieser Probleme zu lindern. Sie ist kein Allheilmittel, aber sie kann ein kraftvoller Verbündeter sein, wenn es darum geht, Körper und Geist wieder ins Gleichgewicht zu bringen.

Was die Natur mit unserer Gesundheit macht

Die positiven Effekte der Natur auf unsere Gesundheit sind längst wissenschaftlich belegt. Sobald wir uns draußen aufhalten, passieren in unserem Körper eine Reihe von Veränderungen, die uns dabei helfen, gesünder und ausgeglichener zu werden:

- Unser Blutdruck sinkt. Die Natur hat eine beruhigende Wirkung auf unser Nervensystem. Studien zeigen, dass Menschen, die regelmäßig Zeit im Grünen verbringen, niedrigere Blutdruckwerte haben als diejenigen, die dies nicht tun.

- Der Cortisol-Spiegel (Stresshormon) nimmt ab. Schon 20 Minuten in der Natur können den Cortisol-Spiegel im Körper messbar senken. Das bedeutet, dass wir uns entspannter und weniger gestresst fühlen.

- Unser Immunsystem wird gestärkt. Bäume und Pflanzen setzen sogenannte Phytonzide frei – natürliche Schutzstoffe, die unser Immunsystem aktivieren und unsere Abwehrkräfte stärken.
- Unser Schlaf verbessert sich. Wer sich regelmäßig draußen bewegt und natürliches Licht aufnimmt, reguliert seine innere Uhr und schläft tiefer und erholsamer.
- Unsere Konzentration steigt. Die Natur hilft uns, den mentalen Nebel zu vertreiben. Besonders Menschen, die viel Zeit vor Bildschirmen verbringen, profitieren von kurzen Pausen an der frischen Luft.

Zurück zu einer gesünderen Lebensweise

Die Lösung für viele unserer gesundheitlichen Probleme liegt nicht in teuren Behandlungen oder komplizierten Diäten – sie beginnt oft mit etwas so Einfachem wie einem Spaziergang. Wir müssen nicht unser ganzes Leben umkrempeln, um von den positiven Effekten der Natur zu profitieren. Es reicht, wenn wir sie bewusst in unseren Alltag integrieren. Kleine Veränderungen können langfristig einen großen Unterschied machen. Unsere Vorfahren haben sich täglich in der Natur bewegt, geatmet und gelebt – unser Körper ist genau dafür gemacht. Vielleicht ist es an der Zeit, dass wir uns wieder daran erinnern.

Die Heilkraft der Natur

ERLEBNIS-SEITE

Die Natur wirkt auf viele Arten heilsam – doch wie genau? Diese Aufgabe hilft dir, bewusst zu erleben, welche positiven Effekte die Natur auf dich hat.

🔍 **Erforsche die Wirkungen der Natur an dir selbst:**

1 **Wähle einen Schwerpunkt:**
(Überlege, welchen dieser Effekte du bewusst erleben oder testen möchtest.)

☐ **Immunsystem stärken**
durch einen täglichen Waldspaziergang und das Einatmen der natürlichen Pflanzenstoffe.

☐ **Besser schlafen**
durch tägliche Zeit im Tageslicht, besonders Morgens! Naturpausen statt Bildschirmzeit. Mittagspausen draußen verbringen.

☐ **Konzentration verbessern**
durch bewusste Hobbyzeit in der Natur. Lies draußen ein Buch, zeichne Tiere und Pflanzen oder meditiere 10 Minuten täglich.

2 Teste es aus:

🌿 Plane für die nächsten 3–5 Tage eine kleine Routine ein, die dich diesem Ziel näherbringt.

🌿 Notiere dir, was du ausprobierst und wie du dich dabei fühlst.

Die Heilkraft der Natur

③ Beobachtungstagebuch: Schreibe für die nächsten 3 Tage deine gewählten Routinen auf und notiere, wie du dich dabei gefühlt hast, ob es dir schwer fiel und ob du bereits eine Veränderung gemerkt hast:

Tag 1: Welche Naturaktivität hast du gewählt? Wie fühlst du dich danach?

_____

_____

_____

_____

_____

_____

Tag 2: Spürst du eine Veränderung? Gibt es Unterschiede zu vorher?

_____

_____

_____

_____

_____

_____

Tag 3: Was hat dir am meisten geholfen? Würdest du etwas davon in deinen Alltag übernehmen?

_____

_____

_____

_____

_____

_____

💡 **Erkenntnis:**

Was hast du aus diesem Experiment gelernt? Hat dich die Natur in einem dieser Bereiche spürbar unterstützt?

_____

_____

Nach diesem kleinen Experiment hast du hoffentlich selbst erlebt, wie positiv sich die Natur auf dein Wohlbefinden auswirken kann. Oft sind es die einfachen Dinge – frische Luft, Tageslicht oder ein Spaziergang im Grünen –, die den größten Unterschied machen. Vielleicht hast du festgestellt, dass du dich wacher, entspannter oder konzentrierter fühlst.

Fazit: Die Natur ist eine kraftvolle, aber oft unterschätzte Ressource für unsere Gesundheit. Indem wir sie wieder bewusster in unseren Alltag integrieren, können wir viele moderne Beschwerden auf natürliche Weise lindern – ganz ohne Medikamente oder komplizierte Routinen. Es braucht oft nur einen kleinen Schritt zurück zur Natur, um große Veränderungen zu spüren.

Auch wenn wir inzwischen wissen, wie heilsam die Natur für uns ist, stellt sich eine wichtige Frage: Was, wenn wir nicht mitten im Grünen leben? Nicht jeder hat einen Wald oder einen See direkt vor der Haustür. Doch bedeutet das, dass wir auf die positiven Effekte der Natur verzichten müssen?
Ganz und gar nicht! Natur ist nicht nur dort, wo weite Landschaften und dichte Wälder sind – sie ist überall, selbst in der Stadt. Oft übersehen wir sie im Alltag, weil wir mit ganz anderen Dingen beschäftigt sind. Doch wenn wir unsere Wahrnehmung ändern, können wir die Natur auch zwischen Beton und Straßenlärm wiederentdecken. Wie das funktioniert, schauen wir uns im nächsten Kapitel an.

Kapitel 6

NATUR OHNE NATUR?

Kapitel 6
Natur ohne Natur?

Die Natur ist näher, als du denkst! Auch wenn du in der Stadt lebst, gibt es viele kleine Möglichkeiten, um mehr Natur in deinen Alltag zu integrieren. Es sind oft die kleinen, aber bewussten Schritte, die einen großen Unterschied machen. Du musst nicht gleich in den Wald ziehen oder auf eine Fernwanderung gehen – schon mit kleinen Veränderungen kannst du die Natur stärker spüren.

Natur erleben – auch in der Stadt
Wenn wir an Natur denken, haben wir oft Bilder von dichten Wäldern, rauschenden Flüssen und unberührten Berglandschaften im Kopf. Doch die Wahrheit ist: Natur ist überall – selbst in der Stadt. Wir müssen nur lernen, sie wahrzunehmen. Viele Menschen glauben, dass sie in einer urbanen Umgebung keinen richtigen Zugang zur Natur haben. Doch selbst zwischen Beton, Straßenlärm und Hochhäusern gibt es mehr Grün und Leben, als wir auf den ersten Blick vermuten.

Das Problem ist oft nicht die Natur selbst, sondern unsere eigene Wahrnehmung. In einer Stadt sind wir es gewohnt, von A nach B zu hetzen – von der Wohnung zur Arbeit, vom Supermarkt nach Hause, von einem Termin zum nächsten. Dabei nehmen wir unsere Umgebung kaum noch wahr. Doch was passiert, wenn wir bewusst innehalten und unsere Stadt mit anderen Augen betrachten?

Die Natur liegt vor deiner Haustür

In jeder Stadt gibt es kleine grüne Oasen – Parks, Gärten, begrünte Innenhöfe, Flussufer oder alte Alleen mit riesigen Bäumen. Oft gehen wir täglich daran vorbei, ohne ihnen Beachtung zu schenken. Dabei können selbst kleine Ecken voller Pflanzen und Tiere ein Gefühl von Naturverbundenheit schaffen.

Versuche einmal, deine Umgebung gezielt nach Natur zu erkunden. Gibt es eine Baumallee, die du noch nie richtig beachtet hast? Vielleicht wächst Efeu an einer Hauswand oder Moos in den Ritzen zwischen Pflastersteinen. In vielen Städten gibt es sogar wilde Wiesen auf Brachflächen, die voller Insekten und kleiner Tiere sind.

Wenn du genau hinschaust, wirst du feststellen, dass sich die Jahreszeiten auch in der Stadt verändern. Die ersten Knospen an den Bäumen im Frühling, das Summen der Bienen im Sommer, das bunte Laub im Herbst oder die kahlen Äste im Winter – all das sind kleine Naturmomente, die wir oft übersehen.

Kleine Rituale für mehr Natur im Alltag

Es braucht nicht viel, um mehr Natur in dein tägliches Leben zu integrieren – selbst in einer Stadt. Ein einfacher Spaziergang durch einen Park, eine Pause auf einer Bank unter einem Baum oder das bewusste Lauschen der Vögel am Morgen kann ausreichen.

Wie wäre es zum Beispiel, wenn du morgens deinen Kaffee oder Tee am offenen Fenster trinkst und bewusst die Geräusche um dich herum wahrnimmst? Oder wenn du deinen Arbeitsweg so gestaltest, dass du durch einen Park oder entlang eines kleinen Flusses gehst, anstatt nur den schnellsten Weg zu nehmen?

Auch ein kleiner Kräutergarten auf der Fensterbank kann eine Verbindung zur Natur schaffen. Selbst in der kleinsten Wohnung lässt sich Platz für ein paar Pflanzen finden – und sei es nur ein Topf mit Basilikum oder eine Schale mit Kresse. Das Beobachten, wie etwas wächst und gedeiht, gibt ein tiefes Gefühl von Verbundenheit mit der Natur.

Natur mit allen Sinnen wahrnehmen

Auch in der Stadt kannst du die Natur mit all deinen Sinnen erleben. Wenn du draußen unterwegs bist, versuche einmal Folgendes:

- Sehen: Achte auf die verschiedenen Grüntöne der Bäume, die Formen der Blätter oder das Spiel von Licht und Schatten.
- Hören: Lausche den Geräuschen – dem Zwitschern der Vögel, dem Rauschen des Windes in den Bäumen oder sogar dem Plätschern von Regen auf den Straßen.
- Fühlen: Berühre Baumrinden, streiche mit den Händen über Grashalme oder spüre den Wind auf deiner Haut.
- Riechen: Nimm den Duft der feuchten Erde nach einem Regenschauer wahr, den Geruch von Blüten im Frühling oder das trockene, warme Aroma eines Sommerabends.

Naturverbundenheit ist eine Frage der Einstellung
Letztendlich ist es egal, wo du lebst – die Verbindung zur Natur ist eine Frage der Aufmerksamkeit und Einstellung. Selbst wenn du mitten in einer Großstadt wohnst, kannst du lernen, die Natur bewusst wahrzunehmen und in deinen Alltag zu integrieren.
Vielleicht findest du in deiner Stadt einen Lieblingsplatz in der Natur – eine versteckte Grünfläche, einen alten Baum oder ein kleines Wasserbecken, an dem du zur Ruhe kommen kannst. Diese kleinen Momente in der Natur helfen dir, Stress abzubauen, bewusster zu leben und dich wieder mehr mit der Welt um dich herum zu verbinden.
Die Natur ist immer da – du musst nur hinsehen.

Hol dir frische Luft auf dem Balkon – Falls du einen Balkon oder einen kleinen Garten hast, mach ihn zu deinem Rückzugsort. Hol dir regelmäßig frische Luft, auch wenn es nur für ein paar Minuten ist.

Lass dir die Sonne auf die Haut scheinen – Nimm dir bewusst eine kurze Pause, um die Sonne zu genießen. Es klingt einfach, aber selbst 10 Minuten Sonnenschein können deinen Tag positiv beeinflussen.

Die 10-Minuten-Regel

Wenn du denkst, dass du keine Zeit für Natur hast, dann probier einfach mal die 10-Minuten-Regel aus! Geh für 10 Minuten raus – egal, ob in den Garten, auf den Balkon oder in den Park.

Warum funktioniert das?
Kurzzeitige Naturerfahrungen haben einen großen Effekt auf unser Wohlbefinden. Schon nach wenigen Minuten frischer Luft und der Ruhe der Natur können wir uns erfrischt und fokussiert fühlen. Die 10-Minuten-Regel ist der einfachste Einstieg, um regelmäßig Natur in dein Leben zu bringen.

Challenge:
Nimm dir heute 10 Minuten Zeit, um draußen zu sein. Geh spazieren, atme tief durch und schau dich bewusst um. Was fällt dir auf? Welche Geräusche hörst du? Wie fühlt sich der Boden unter deinen Füßen an? Mach es zu einer täglichen Gewohnheit und spür, wie sich deine Stimmung verändert.

Sonne tanken: Das Vitamin D aus der Natur

Die Sonne ist ein wahres Wundermittel für unsere Gesundheit – und sie ist kostenlos! Ein paar Minuten täglich in der Sonne zu verbringen, hat viele Vorteile. Sonnenlicht fördert die Produktion von **Vitamin D**, das wichtig für unsere Knochen, unser Immunsystem und unsere Stimmung ist.

Es ist nicht nötig, stundenlang in der Sonne zu liegen, aber ein täglicher **Spaziergang im Sonnenlicht** kann Wunder wirken. Achte darauf, wie du dich fühlst, wenn die Sonne auf deine Haut scheint – es kann dein Wohlbefinden und deine Energie steigern!

Tipp:
Versuch, in den ersten 10 Minuten deines Spaziergangs die Sonne auf deiner Haut zu spüren. Mach es dir zur Gewohnheit, jeden Tag etwas Zeit in der Sonne zu verbringen – ohne Sonnencreme, wenn es sicher ist.

Frische Luft bewusst wahrnehmen

Unsere Sinne sind ein Tor zur Natur. Nimm dir bewusst Zeit, um die frische Luft zu genießen. Atme tief ein und aus, spüre, wie der Sauerstoff in deine Lungen strömt und deinem Körper neue Energie gibt.

Das klingt vielleicht einfach, doch es kann unglaublich erfrischend wirken. Besonders in der Natur, wo die Luft rein und frei von Abgasen und Verschmutzung ist, wird das Atmen zu einem wahren Genuss.

Challenge:
Mach eine einfache **Atemübung** im Freien: Steh ruhig, schließe die Augen und atme langsam durch die Nase ein. Halte kurz und atme dann durch den Mund aus. Wiederhole dies fünfmal und spüre, wie sich dein Körper entspannt und deine Gedanken klarer werden.

Mach die Stadt zum Wald

ERLEBNIS-SEITE

1. Mein Natur-Stadtplan
Zeichne eine kleine Karte deiner Umgebung (z. B. dein Viertel oder deine tägliche Route). Markiere alle grünen Orte, an denen du Natur entdecken kannst (z. B. Parks, Bäume, Blumenbeete, Wasserstellen, Fassadenbegrünung).

2. Natur mit allen Sinnen wahrnehmen
Finde eine ruhige Stelle in deiner Stadt und nimm bewusst deine Umgebung wahr. Notiere:

🪨 Ich sehe: _____ 🪨 Ich rieche: _____

🪨 Ich höre: _____ 🪨 Ich fühle: _____

3 Dinge die mir aufgefallen sind:

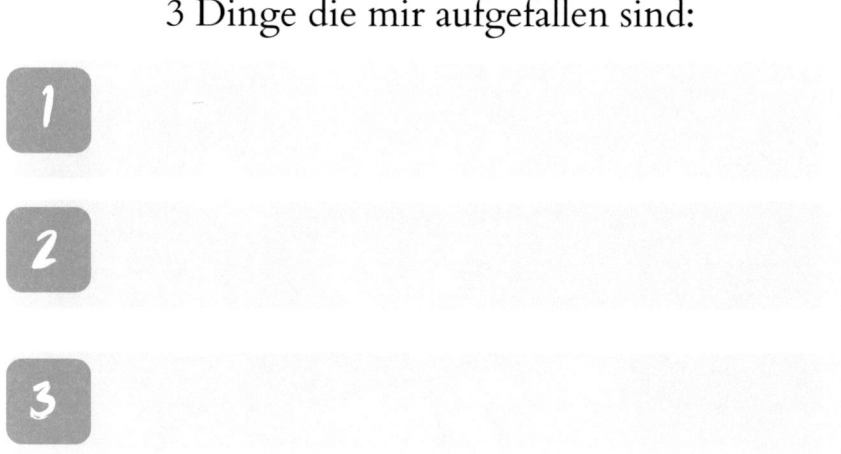

1

2

3

Kapitel 7

DAS "EXPLORER" MINDSET

Kapitel 7
Das "Explorer" Mindset

Geh raus wie ein Entdecker

Hast du schon einmal darüber nachgedacht, die Welt um dich herum mit den Augen eines Entdeckers zu betrachten? Oft nehmen wir unsere Umgebung als selbstverständlich hin, ohne sie wirklich zu hinterfragen oder zu bewundern. Aber die Natur ist ein riesiger Abenteuerspielplatz, und alles, was du tun musst, ist, die Welt mit Neugierde und Offenheit zu betrachten.

Was ist das „Explorer-Mindset"?

Das „Explorer-Mindset" ist die Fähigkeit, die Natur wie ein neugieriger Entdecker zu erleben. Es geht darum, nicht nur an vertrauten Orten spazieren zu gehen, sondern alles mit neuen Augen zu sehen. Anstatt die alltäglichen Pfade zu gehen, versuch, dich für neue Wege und unbekannte Ecken deiner Umgebung zu begeistern. Vielleicht gibt es einen Park, den du noch nie richtig erkundet hast, oder eine kleine Ecke im Wald, die du bisher übersehen hast.

Die Vorteile eines „Explorer-Mindsets"

Wenn du die Welt mit den Augen eines Entdeckers betrachtest, wirst du feststellen, dass du intensiver und bewusster in der Natur erlebst. Du wirst nicht nur die Schönheit deiner Umgebung wahrnehmen, sondern auch mehr über die verschiedenen Elemente lernen, die sie ausmachen. Es wird dir helfen, die Natur mehr zu schätzen und ein tieferes Verständnis für die Welt um dich herum zu entwickeln.

Hast du dich schon einmal dabei ertappt, immer wieder dieselben Wege zu gehen? Ob zur Arbeit, zum Einkaufen oder beim Spazierengehen – oft bewegen wir uns auf festgelegten Routen, ohne darüber nachzudenken. Unser Gehirn liebt Routinen, weil sie Energie sparen. Doch genau hier liegt das Problem: Wir nehmen unsere Umgebung nicht mehr bewusst wahr. Die Lösung? Zielloses Erkunden – eine Methode, um dich von der gewohnten Perspektive zu lösen und deine Umwelt mit neuen Augen zu sehen. Wenn du das nächste Mal in die Natur gehst, versuche bewusst, keinen festen Plan zu haben. Lass dich treiben. Wähle Wege, die du sonst nicht gehen würdest. Biege spontan in eine unbekannte Richtung ab. Es geht nicht darum, einen bestimmten Ort zu erreichen, sondern darum, das Unterwegssein selbst zu genießen.

Viele Entdecker, Künstler und Wissenschaftler nutzen dieses Prinzip, um ihre Kreativität anzuregen. **Charles Darwin** beispielsweise verbrachte Stunden damit, einfach durch die Natur zu schlendern und dabei Notizen über alles zu machen, was ihm auffiel. **Henry David Thoreau** zog sich für zwei Jahre in eine kleine Holzhütte am Walden-See zurück, um dort das Leben in seiner reinsten Form zu studieren. **Alexander von Humboldt**, einer der bedeutendsten Naturforscher, verbrachte Monate damit, durch unberührte Landschaften zu reisen und dabei mit offenen Augen und neugierigem Geist alles aufzunehmen. Diese Methode kann dir helfen, kleine Wunder in deiner eigenen Umgebung zu entdecken – Dinge, die dir im Alltagsstress vielleicht entgehen würden.

Diese Art des Erkundens ist kein Zeitvertreib – es ist eine Kunst, die dir eine tiefere Verbindung zur Welt und zu dir selbst ermöglicht.

Und das Beste daran? Du musst nicht in ferne Länder reisen, um diese Erfahrung zu machen. Dein eigenes Viertel, der Park um die Ecke oder sogar dein Garten können voller Überraschungen stecken, wenn du bereit bist, sie mit neuen Augen zu sehen. Vielleicht hast du nie bemerkt, dass der Wind in den Blättern eines bestimmten Baumes anders klingt als bei einem anderen. Vielleicht entdeckst du, dass sich Moos weicher anfühlt als gedacht oder dass ein alter Baumstumpf eine ganze kleine Welt für Insekten und Pilze bildet.

Zielloses Erkunden bringt uns in einen Zustand, den viele Philosophen und Naturdenker als „achtsames Sein" beschreiben. Es geht nicht nur darum, einen neuen Ort zu entdecken, sondern darum, wie du diesen Ort erlebst. Hast du jemals bewusst wahrgenommen, wie viele verschiedene Grüntöne ein Wald besitzt? Oder wie sich das Licht verändert, wenn eine Wolke vor die Sonne zieht? Solche Momente erscheinen uns oft unbedeutend, aber sie sind es, die uns wieder mit der echten Welt verbinden – jenseits von Bildschirmen, Nachrichten und To-do-Listen.

Unser moderner Alltag ist oft hektisch, durchgetaktet und geprägt von Ablenkungen. Wir sind so sehr daran gewöhnt, effizient zu sein, dass wir selbst in der Freizeit unbewusst nach Produktivität streben. Doch die Natur funktioniert nicht nach diesem Prinzip.

Sie kennt keine Eile, keinen Erfolgsdruck, keine Deadlines. Ein Baum wächst nicht schneller, weil er sich beeilen möchte, und ein Fluss fließt nicht, um eine bestimmte Aufgabe zu erfüllen. Die Natur existiert einfach – und genau das ist es, was wir von ihr lernen können. Die Natur steckt voller kleiner Rätsel – du musst nur anfangen, Fragen zu stellen. Woher kommen die Muster auf einer Baumrinde? Warum fliegen Vögel manchmal in bestimmten Formationen? Wie riecht die Luft nach einem Regen im Vergleich zu einem trockenen Sommertag? Diese Fragen sind der Schlüssel zum **Explorer-Mindset**. Es geht nicht darum, alle Antworten sofort zu kennen, sondern darum, die Welt mit lebendiger Neugier zu betrachten.

Vielleicht fragst du dich jetzt: Aber wie kann ich das in meinen Alltag integrieren? Schließlich kann nicht jeder von uns monatelang durch Wälder streifen oder wissenschaftliche Expeditionen unternehmen. Die Antwort ist einfacher, als du denkst: Erkunde deine Umwelt in kleinen Schritten. Nimm dir bewusst Zeit für einen „**Entdecker-Spaziergang**". Statt Musik oder Podcasts zu hören, konzentriere dich auf die Geräusche um dich herum. Lass dein Handy in der Tasche und versuche, mindestens fünf Dinge zu bemerken, die dir vorher nie aufgefallen sind. Vielleicht siehst du eine neue Vogelart oder einen alten Baum, der durch Wind und Wetter eine besondere Form angenommen hat.

Ein besonders effektiver Trick ist es, deine Erkundungen zu dokumentieren. Viele Naturbegeisterte führen ein Natur-Tagebuch, in dem sie ihre Beobachtungen festhalten – sei es durch Skizzen, kleine Notizen oder gesammelte Fundstücke wie Blätter oder Federn. Das hilft nicht nur dabei, achtsamer zu werden, sondern es trainiert auch deine Fähigkeit, Details bewusst wahrzunehmen. Aber mehr dazu, im nächsten Kapitel!

So entwickelst du dein „Explorer-Mindset"

Schau genau hin – Achte auf kleine Details: den Weg des Lichts im Wald, die Muster der Blätter oder den Klang eines fernen Baches. Jeder Moment in der Natur ist einzigartig.

Bleib neugierig – Neugier ist der Schlüssel, um alles um dich herum neu zu entdecken. Frage dich: „Was könnte ich hier noch entdecken?"

Sei offen für Überraschungen – Die Natur ist voll von kleinen Wundern. Vielleicht findest du ein neues Tier oder eine interessante Pflanze, die du noch nie gesehen hast.

BONUS-CHALLENGE!

1. **Erkunde einen neuen Ort:** Suche dir ein unbekanntes Naturziel in deiner Umgebung.

2. **Dokumentiere deinen Moment:** Mache ein Foto oder Video von etwas, das dir besonders auffällt – sei es eine interessante Pflanze, ein versteckter Ausblick oder ein Tier. Achte auf Details, die dir sonst vielleicht entgangen wären.

3. **Teile es:** Poste das Bild in deiner Story und markiere mich mit @denniskreativ und nutze den Hashtag #kreativexplorer oder schick mir dein Erlebnis per DM!

ICH FREUE MICH, DEINE ENTDECKUNGEN ZU SEHEN UND ANDERE ZU INSPIRIEREN, MEHR RAUSZUGEHEN!

KAPITEL 7.5:
GAMECHANGER: NATUR TAGEBUCH!

Natur-Tagebuch:
Deine Entdeckungen festhalten

Wenn du beginnst, deine Umgebung bewusster wahrzunehmen, wirst du immer wieder neue Dinge entdecken – seien es unbekannte Pflanzen, besondere Stimmungen oder einfach das Gefühl, in der Natur zu sein. Ein Natur-Tagebuch hilft dir, diese Erlebnisse festzuhalten und deine Verbindung zur Natur zu vertiefen.

Warum ein Natur-Tagebuch?

- Mehr Achtsamkeit: Wenn du deine Beobachtungen aufschreibst, wirst du automatisch aufmerksamer für Details.
- Erinnerungen bewahren: Ein Tagebuch lässt dich später in deine Entdeckungen eintauchen und nachverfolgen, wie sich deine Umgebung im Laufe der Jahreszeiten verändert.
- Eigene Fortschritte sehen: Vielleicht lernst du nach und nach, mehr Pflanzen und Tiere zu erkennen – dein Tagebuch wird zu einem Spiegel deiner Naturkenntnisse.

So startest du dein Natur-Tagebuch

Suche dir ein Notizbuch oder eine App, in der du regelmäßig deine Naturerlebnisse festhältst. Notiere oder skizziere, was dir ins Auge fällt: Welche Tiere hast du entdeckt? Welche Geräusche konntest du wahrnehmen? Wie hat sich die Umgebung auf deine Sinne ausgewirkt?

Vergiss nicht, Datum, Ort und Wetter zu vermerken – so kannst du deine Einträge später noch besser einordnen und Entwicklungen in der Natur erkennen.

Natur-Tagebuch:
Beispielseite für deine Inspiration!

Es hört sich komplizierter an, als es ist! Es gibt auch garkein richtig oder falsch, kein schön und nicht schön. Du kannst es machen wie du möchtest! Für totale Anfänger ist es dennoch hilfreich, ein paar Anhaltspunkte zu haben:

Freitag , 8°C, Sonnenschein
28.02.2025

KLEEBLATT!!
Bei der Lichtung am Waldrand hab ich ein vierblättriges Kleeblatt gefunden!

der sanfte Wind heute war richtig angenehm, ich konnte heute neue Energie tanken und genieße jetzt noch die Sonne

Buntspecht
zuerst gehört – dann gesehen! :)

zum ersten Mal heute gesehen! Er war erwachsen und hatte einen roten Hinterkopf

Metadaten:
das du nie vergisst, wann und du deine Entdeckung oder dei Ausflug gemacht hast!

Einen Fund machen:
Ein schönes Blatt, eine Zeichnu eines Pilzes oder einfach irgend Gekrakel – zeig was du erlebt h und schreibe deine Gedanken daz

Beschreibe deinen Tag:
Typisch Tagebuch – aber erzä etwas, was dir heute Spaß gema hat oder was dir besond aufgefallen ist.

Sei kreativ!:
versuch dich am zeichnen, falls wirklich garnichts für dich kannst du auch Fotos oder Stic einkleben, aber ich finde zeichr einfach so persönlich. So wird je Tagebuch ein kleines Meisterwer

Kapitel 8

DIE LEBENDIGEN JAHRES-ZEITEN

Kapitel 8
Die Lebendigen Jahreszeiten

Die vergessene Magie der Jahreszeiten

Früher waren die Jahreszeiten ein fester Taktgeber unseres Lebens. Der Frühling brachte Vorfreude auf wärmere Tage, der Sommer bedeutete Abenteuer im Freien, der Herbst kündigte die Erntezeit an, und der Winter war eine Zeit der Ruhe und Besinnung. Doch heute? Für viele Menschen existieren die Jahreszeiten nur noch als Randnotiz – als etwas, das durch den Kalender oder das Wetter-Widget auf dem Smartphone bestätigt wird.

Dabei steckt in jeder einzelnen Jahreszeit eine einzigartige Schönheit und eine besondere Verbindung zur Natur. Jede Phase des Jahres verändert nicht nur die Landschaft, sondern auch uns. Unser Körper, unser Geist und unsere Stimmung werden beeinflusst – manchmal spüren wir es, oft aber übersehen wir es.

Dieses Kapitel soll dich dazu einladen, die Jahreszeiten wieder bewusster zu erleben. Zu spüren, was jede einzelne mit sich bringt, wie sie uns herausfordert, aber auch beschenkt. Vielleicht entdeckst du dabei deine Lieblingsjahreszeit neu – oder findest in einer, die du bisher übersehen hast, etwas ganz Besonderes.

Frühling – Das große Erwachen

Es gibt diesen einen Moment im Jahr, in dem sich plötzlich alles verändert. Vielleicht merkt man es nicht sofort bewusst – es sind nur kleine Zeichen. Ein paar Sonnenstrahlen, die morgens durchs Fenster brechen, die Luft, die nicht mehr nach kaltem Beton und abgestandener Winterluft riecht, sondern nach frischer Erde, Regen und etwas, das man nicht genau benennen kann. Die Vögel klingen lauter, oder vielleicht fällt es einem einfach nur auf, weil man in den letzten Monaten verlernt hat, richtig hinzuhören. Und dann, eines Morgens, ist er plötzlich da – der Frühling.

Für mich fühlt sich der Frühling jedes Jahr ein bisschen an wie ein Neuanfang. Die dunklen Tage liegen hinter uns, die Natur erwacht, und mit ihr erwachen auch wir. Es ist, als würde mein Körper nach den langen, kalten Monaten langsam auftauen. Die Sonne steht wieder höher, die Tage werden länger, und plötzlich ist da wieder diese Energie, dieser Drang, rauszugehen, sich zu bewegen, durchzuatmen. Im Winter fühlt es sich oft so an, als würde ich einfach nur funktionieren – aufstehen, arbeiten, schlafen, repeat. Doch dann kommt der Frühling und mit ihm das Gefühl, wieder richtig zu leben.

Ich erinnere mich noch an mein erstes richtig bewusstes Frühlingserlebnis, nachdem ich mich von meinem alten Leben im Büroalltag gelöst hatte. In meinem 40-Stunden-Job war mir oft nicht mal aufgefallen, dass sich die Jahreszeiten ändern. Es war einfach egal – draußen mag es blühen oder schneien, drinnen blieb immer alles gleich: künstliches Licht, Bildschirme, Routine. Und dann, als ich anfing, wieder mehr draußen zu sein, wurde mir bewusst, was ich all die Jahre verpasst hatte. Ich erinnere mich an einen bestimmten Morgen, an dem ich auf einer Lichtung stand, die noch vor ein paar Wochen trostlos und grau gewesen war. Jetzt aber war da plötzlich Leben. Knospen an den Bäumen, das erste zarte Grün am Boden, der Duft von feuchter Erde. Ich stand einfach da, lauschte, atmete – und fühlte mich so lebendig wie lange nicht mehr.

Doch genau hier liegt das Problem: Viele von uns spüren dieses Erwachen gar nicht mehr richtig. In einer Welt, in der die Jahreszeiten oft nur noch als Hintergrundkulisse wahrgenommen werden, geht das natürliche Frühlingserlebnis verloren. Während draußen die ersten Blüten sprießen, bleibt drinnen alles gleich – immer dieselben Bildschirme, immer dasselbe Licht, immer dieselben Routinen. Die Natur verändert sich, aber unser Alltag bleibt statisch.

Dabei ist der Frühling eine Jahreszeit, die uns eigentlich herausruft. Er lädt uns ein, aus unserer gewohnten Umgebung auszubrechen, wieder ins Freie zu gehen und mit ihm zu wachsen. Wissenschaftlich gesehen ist der Frühling für uns Menschen essenziell: Das zunehmende Sonnenlicht regt die Serotoninproduktion an – unser Glückshormon. Die frische Luft verbessert unsere Konzentration, und allein das Betrachten von Grünflächen senkt unser Stresslevel. Doch all das bringt nichts, wenn wir es nicht bewusst erleben.

Den Frühling wieder bewusst erleben

Was wäre, wenn wir den Frühling nicht nur als Datum im Kalender sehen würden, sondern wirklich als eine Zeit des Neubeginns? Wenn wir ihn als eine Phase betrachten, in der wir uns – genau wie die Natur – erneuern können?
Im Frühling ist alles in Bewegung. Die Bäume treiben neue Blätter aus, die Tiere kehren aus ihrem Winterversteck zurück, und selbst das kleinste Moos leuchtet plötzlich in sattem Grün. Alles wächst, alles verändert sich – und das können wir auch. Ich habe mir angewöhnt, den Frühling nicht einfach nur passieren zu lassen, sondern ihn bewusst zu erleben. Sobald es warm genug ist, nehme ich mir morgens Zeit,

um nach draußen zu gehen, einfach für ein paar Minuten, nur um die Luft zu riechen und zu hören, was um mich herum passiert. Ich beobachte, wie sich die Natur verändert – wie aus kahlen Ästen plötzlich kleine grüne Knospen sprießen, wie die Vögel mit jedem Tag lauter und aktiver werden. Und jedes Jahr aufs Neue überrascht mich dieser Wandel.

Viele Menschen nehmen sich Neujahr vor, etwas zu verändern, aber vielleicht ist der Frühling der bessere Zeitpunkt. Die Natur macht es uns vor: Es ist Zeit für Wachstum, für Veränderung, für Bewegung. Und das Schöne ist – es braucht nicht viel, um diesen Wandel in den eigenen Alltag zu integrieren.

Frühlingsaktivitäten für dich:

- **Erste Morgenroutine draußen:** Setz dich morgens für ein paar Minuten mit deinem Kaffee oder Tee ins Freie. Spüre die kühle, aber frische Luft und hör den Geräuschen der Natur zu.
- **Barfußlaufen:** Sobald es warm genug ist, zieh die Schuhe aus und spüre den Boden unter deinen Füßen – auf Wiesen, Waldböden oder feuchter Erde.
- **Wildkräuter entdecken:** Viele essbare Kräuter wie Löwenzahn oder Giersch wachsen jetzt überall – perfekt für einen selbst gesammelten Frühlingssalat!

- **Ein Naturtagebuch starten:** Schreib jeden Tag eine kleine Beobachtung auf – welches neue Blatt hast du heute entdeckt? Wie riecht die Luft? Wie fühlt sich die Sonne auf der Haut an?

- **Einen Lieblingsplatz finden:** Suche dir einen Platz in der Natur, der dich besonders anspricht – vielleicht eine Lichtung, ein Baum oder ein Bach. Besuche ihn regelmäßig und beobachte, wie er sich im Laufe des Frühlings verändert. Ich habe dieses Jahr einen coolen Felsen für mich entdeckt. Ich weiß auch garnicht, weshalb er mir so gefällt, aber darum geht es nicht, sondern, dass du einen Platz hast, wo du gerne Zeit verbringst.

Drei Dinge, die den Frühling besonders machen

🌿 Das erste frische Grün

Nach den kahlen, grauen Monaten ist es fast magisch zu beobachten, wie plötzlich alles zum Leben erwacht. Die ersten zarten Blätter sprießen, Moos wird leuchtend grün, und ganze Wälder verändern sich in wenigen Wochen von karg zu satt und lebendig. Ein Spaziergang durch einen Frühlingswald fühlt sich an wie ein Neubeginn – nicht nur für die Natur, sondern auch für einen selbst.

🐦 Die Rückkehr der Zugvögel

Mit dem Frühling kehren viele Vögel aus dem Süden zurück. Plötzlich hört man wieder das melodische Zwitschern von Rotkehlchen, Meisen und Lerchen. An Seen und Flüssen sieht man wieder Enten mit ihren flauschigen Küken, und Störche beginnen, ihre Nester zu bauen. Wer aufmerksam durch die Natur geht, kann diese Veränderungen hautnah erleben.

🌷 Blühende Wiesen und Kirschblüten

Im Frühling breiten sich farbenfrohe Blumenwiesen aus, auf denen Gänseblümchen, Veilchen und Schlüsselblumen wachsen. Besonders beeindruckend sind aber Kirschbäume, die in voller Blüte stehen. Ein Kirschblütenbaum ist ein kleines Naturwunder – für ein paar Tage im Jahr sieht er aus wie aus einem Märchen. Sich unter eine blühende Kirsche zu setzen und die Blütenblätter langsam zu Boden schweben zu sehen, ist eines der schönsten Erlebnisse dieser Jahreszeit.

Sommer – Die Natur in ihrer vollen Kraft

Wenn der Frühling das große Erwachen ist, dann ist der Sommer der Höhepunkt dieses Zyklus. Alles steht in voller Blüte, das Leben ist überall. Die Bäume tragen dichte Kronen, die Felder wiegen sich im Wind, und in der Luft liegt dieser unverwechselbare Duft nach warmem Holz, blühenden Wiesen und frisch gemähtem Gras. Der Sommer ist die Zeit, in der sich die Natur von ihrer stärksten, lebendigsten Seite zeigt – und genau das spüren wir auch in uns.

Ich habe als Kind den Sommer geliebt. Diese endlosen Tage, an denen man von morgens bis abends draußen war, mit sonnengewärmter Haut und zerkratzten Beinen, weil man irgendwo durch ein Gebüsch gekrochen ist. Es war die Zeit, in der Abenteuer selbstverständlich waren. Egal ob ein Tag am See, eine Nacht im Zelt oder einfach nur das Erkunden eines kleinen Waldstücks – der Sommer war grenzenlos.

Und dann wurde ich älter. Plötzlich war Sommer nicht mehr gleichbedeutend mit Freiheit, sondern oft nur eine Jahreszeit, die durch Fenster wahrgenommen wird. Die Hitze in der Stadt war eher anstrengend als einladend, die Tage schienen zwar lang, aber irgendwie wurde man trotzdem nicht dazu animiert, sie wirklich zu nutzen.

Der Sommer, der einmal für Leichtigkeit und Abenteuer stand, wurde zum Hintergrundrauschen eines normalen Alltags.

Das erste Mal, dass ich den Sommer wieder richtig wahrnahm, war in dem Jahr, als ich begann, mehr Zeit in der Natur zu verbringen. Ich erinnere mich an einen Abend, an dem ich im Wald saß, umgeben von Grillenzirpen und dem sanften Rauschen der Blätter im Wind. Die Luft war warm, aber nicht drückend, und ich hatte das Gefühl, dass die Welt in diesem Moment genau so sein sollte. Keine Eile, keine Hektik – nur das Hier und Jetzt.

Und genau das ist es, was wir so oft vergessen: Der Sommer ist nicht nur eine Jahreszeit. Er ist ein Gefühl. Ein Zustand von Freiheit, von Draußensein, von Unbeschwertheit. Und wir können ihn in uns wiederfinden, wenn wir uns erlauben, ihn zu erleben.

Die Wirkung des Sommers auf uns

Der Sommer ist eine Jahreszeit, die unseren Körper und Geist auf besondere Weise beeinflusst. Die langen Tage und das viele Sonnenlicht kurbeln unsere Energie an. Vitamin D wird in Höchstform produziert, unsere Laune steigt fast automatisch, und selbst das frühe Aufstehen fällt oft leichter.

Wissenschaftler haben herausgefunden, dass Menschen im Sommer sozialer sind – unser Hormonhaushalt sorgt dafür, dass wir uns verbundener fühlen und mehr Lust auf gemeinsame Aktivitäten haben.

Gleichzeitig bringt der Sommer aber auch Herausforderungen mit sich. Die Hitze kann träge machen, und wer die Natur in dieser Zeit nur noch durch eine Klimaanlage genießt, wird irgendwann merken, dass er sich eher abgeschlagen als belebt fühlt. Unser Körper ist darauf ausgelegt, mit der Natur zu interagieren – nicht, sich von ihr abzuschotten.

Den Sommer bewusst erleben

Der Sommer ist die Jahreszeit der Fülle. Die Natur gibt uns jetzt alles, was sie hat – reife Früchte, wärmendes Licht, frische Luft. Umso wichtiger ist es, diese Zeit nicht nur verstreichen zu lassen, sondern sie aktiv zu genießen.

Ich habe mir angewöhnt, den Sommer auf eine Art und Weise zu erleben, die mich wirklich erfüllt. Anstatt mich nur über die Hitze zu beklagen, nutze ich die frühen Morgenstunden für Spaziergänge oder kleine Erkundungstouren. Ich bade in Flüssen oder Seen, lasse mich von der Sonne trocknen und nehme mir die Freiheit, einfach mal eine Weile barfuß über eine Wiese zu gehen.

Manchmal reicht es schon, bewusst in die Natur hinauszugehen, um den Sommer wirklich zu spüren. Der Wind, der durch die Felder streicht, das Summen der Insekten, das Gefühl von warmem Gras unter den Fingern – all das sind kleine Momente, die uns mit der Welt verbinden.

Sommeraktivitäten für dich:

- **Schwimmen in der Natur:** Ein Bad in einem Fluss, See oder Wasserfall gibt ein völlig anderes Gefühl als ein chlorhaltiges Schwimmbad.
- **Eine Nacht draußen verbringen:** Ob Zelt, Hängematte oder einfach nur unter freiem Himmel – der Sommer ist perfekt dafür.
- **Früchte selbst pflücken:** Sommer bedeutet Erntezeit – Kirschen, Beeren oder sogar selbst angebautes Gemüse schmecken direkt aus der Natur am besten.
- **Barfußwege erkunden:** Gehe bewusst barfuß über unterschiedliche Böden – Wiesen, Sand, Erde. Spüre, wie sich die Natur anfühlt.
- **Den Sommerduft bewusst wahrnehmen:** Setz dich in eine Wiese oder einen Wald und nimm die Gerüche bewusst auf – der Duft von Kiefern, trockenem Holz oder blühenden Blumen.

Drei Dinge, die den Sommer besonders machen

🏕️ Lange, warme Abende in der Natur

Im Sommer scheint es, als würde der Tag nie enden. Die Sonne geht spät unter, die Luft bleibt warm, und es gibt nichts Schöneres, als bis tief in die Nacht draußen zu sein. Egal ob ein Lagerfeuer mit Freunden, eine Nachtwanderung oder einfach nur im Gras liegen und den Sternenhimmel beobachten – der Sommer gibt uns die Möglichkeit, die Natur viel länger zu genießen.

🏊 Baden in natürlichen Gewässern

Während künstliche Schwimmbäder oft überfüllt und laut sind, gibt es nichts Erfrischenderes, als in einem kühlen See, einem Fluss oder sogar unter einem kleinen Wasserfall zu baden. Die Natur schenkt uns diese perfekten Rückzugsorte, wo das Wasser klar, die Umgebung ruhig und das Gefühl von Freiheit unvergleichlich ist.

❦ Die Welt ist voller Leben

Im Sommer summt, flattert und raschelt es überall. Bienen und Schmetterlinge tanzen von Blüte zu Blüte, Libellen schweben über das Wasser, und Grillen spielen ihr typisches Sommerkonzert. Wer mit offenen Augen durch die Natur geht, kann jetzt besonders viel entdecken – von winzigen Kaulquappen in Pfützen bis zu Rehen, die in der Dämmerung über Wiesen schleichen.

Der Herbst – Wenn die Natur uns das Loslassen lehrt

Der Herbst ist eine Zeit des Wandels. Während der Sommer uns mit seiner Hitze, Helligkeit und Aktivität mitgerissen hat, bringt der Herbst eine ganz andere Energie mit sich. Die Tage werden kürzer, die Temperaturen sinken, und die Natur selbst beginnt, sich zurückzuziehen. Die Blätter färben sich in warme Rot-, Gelb- und Orangetöne, als würde der Wald noch ein letztes Mal aufleuchten, bevor er in den Winterschlaf fällt.

Ich erinnere mich noch gut an meine ersten bewussten Herbsttage, nachdem ich meine Verbindung zur Natur wiedergefunden hatte. Früher war diese Jahreszeit für mich vor allem der Beginn von grauen, kalten Tagen, die mich drinnen festhielten. Doch als ich begann, mehr draußen zu sein, bemerkte ich, dass der Herbst nicht nur Abschied bedeutet – er ist auch eine Einladung zur Ruhe. Die Luft ist klarer, der Nebel liegt mystisch über den Feldern, und es gibt kaum eine schönere Geräuschkulisse als das Rascheln der Blätter unter den Füßen.

Wie der Herbst auf uns wirkt

Der Herbst erinnert uns daran, dass nichts für immer bleibt – und dass das in Ordnung ist. Die Bäume lassen ihre Blätter fallen, aber nicht, weil sie sterben, sondern weil sie Platz für Neues schaffen.

Sie verschwenden keine Energie damit, das Festhalten zu erzwingen. Und genau das ist eine der wertvollsten Lektionen, die wir aus der Natur mitnehmen können.

Viele Menschen spüren in dieser Jahreszeit eine gewisse Melancholie. Vielleicht liegt es an den kürzeren Tagen oder daran, dass der Sommer vorbei ist. Doch ich habe festgestellt: Wer sich mit dem Rhythmus der Natur bewegt, anstatt sich gegen ihn zu wehren, kann die Schönheit dieser Zeit viel bewusster wahrnehmen. Der Herbst schenkt uns einen Moment zum Durchatmen. Er lädt uns dazu ein, innezuhalten, Dinge loszulassen, die uns nicht mehr guttun, und uns auf das Wesentliche zu besinnen.

Die Gefahr der Herbstträgheit

Gleichzeitig gibt es auch eine Herausforderung im Herbst: die Trägheit. Es wird kühler, dunkler, und der Drang, sich einfach nur mit einer Decke aufs Sofa zu verkriechen, ist groß. Daran ist nichts falsch – aber wenn man den Herbst nur drinnen verbringt, verpasst man all das, was diese Jahreszeit so besonders macht.

Denn der Herbst hat eine ganz eigene, ruhige Magie. Spaziergänge durch nebelige Wälder, das Sammeln von Kastanien oder Eicheln, der erste heiße Tee nach einer frischen Wanderung – all das sind kleine Erlebnisse, die uns helfen, uns trotz der dunkleren Tage lebendig zu fühlen.

Wie du die Herbstenergie für dich nutzen kannst

Der Herbst gibt uns die Möglichkeit, unsere Routinen anzupassen. Wo der Sommer nach Abenteuer und Bewegung ruft, fordert uns der Herbst dazu auf, uns mehr mit uns selbst auseinanderzusetzen. Vielleicht ist jetzt die richtige Zeit, um ein Tagebuch zu führen, öfter mal zu reflektieren oder ein neues Hobby auszuprobieren, das uns erdet.

Gleichzeitig sollten wir uns bewusst in die Natur begeben – auch wenn es verlockend ist, drinnen zu bleiben. Die frische Herbstluft tut gut, regt den Kreislauf an und stärkt das Immunsystem. Selbst Regentage haben ihren Charme, wenn man mit der richtigen Einstellung hinausgeht. Ein Spaziergang im Nieselregen kann unglaublich befreiend sein, wenn man ihn als Erlebnis und nicht als Unannehmlichkeit betrachtet.

Aktivitäten für den Herbst:

- **Blätter sammeln & kreativ werden:** Aus bunten Blättern lassen sich schöne kleine Kunstwerke machen – egal ob als gepresste Dekoration oder als Inspiration zum Malen und Schreiben.

- **Waldspaziergänge im Nebel:** Wenn die Welt um einen herum weich und gedämpft erscheint, fühlt es sich an, als wäre man in einer anderen Welt unterwegs.
- **Pilze und Kräuter entdecken:** Viele Wildkräuter wie Brennnesseln oder Spitzwegerich sind jetzt besonders kräftig, und mit etwas Wissen kann man im Wald sogar essbare Pilze finden.
- **Lagerfeuer-Abende genießen:** Wenn es früher dunkel wird, sind kleine Feuerstellen oder Kerzenlicht ein wunderbarer Weg, um Gemütlichkeit in die Natur zu bringen.
- **Sich dem Rhythmus der Natur anpassen:** Früher schlafen gehen, bewusster auf den Körper hören und sich öfter kleine Pausen gönnen – der Herbst gibt uns die Chance, uns selbst besser kennenzulernen.

Der Herbst zeigt uns, dass Veränderung nichts Bedrohliches ist. Er lädt uns ein, unser eigenes Tempo zu finden und zu erkennen, dass jede Phase des Lebens ihren eigenen Wert hat. Wer sich mit dieser Jahreszeit verbindet, kann lernen, gelassener zu werden, loszulassen und die Ruhe zu genießen, die uns die Natur schenkt.

Drei besondere Erlebnisse im Herbst

🍁 Das Farbenspiel der Blätter

Es gibt kaum eine Zeit im Jahr, in der die Natur so beeindruckend leuchtet wie im Herbst. Die Wälder verwandeln sich in ein Meer aus Rot, Gelb und Orange, und jeder Spaziergang fühlt sich an, als würde man durch ein lebendiges Gemälde wandern. Besonders faszinierend ist es, einen Baum über mehrere Wochen hinweg zu beobachten – wie sich seine Blätter langsam verfärben und schließlich sanft zu Boden fallen.

🍄 Die geheimnisvolle Welt der Pilze

Mit dem Herbst beginnt die Pilzsaison, und plötzlich tauchen überall kleine und große Pilze aus dem Boden auf. Selbst wenn man sich nicht gut mit essbaren Pilzen auskennt, macht es Spaß, sie zu entdecken und zu bestaunen – von leuchtend roten Fliegenpilzen bis hin zu kunstvoll geformten Baumpilzen. Es ist wie eine Schatzsuche in der Natur, und man beginnt, den Wald mit ganz anderen Augen zu sehen.

🔥 Gemütliche Abende am Lagerfeuer

Wenn es draußen früher dunkel wird, bekommt Licht eine ganz besondere Bedeutung. Ein kleines Lagerfeuer oder ein paar Kerzen auf dem Balkon oder im Garten schaffen eine einzigartige Atmosphäre. Die Kombination aus frischer Herbstluft und dem warmen Schein des Feuers gibt einem das Gefühl von Geborgenheit – und erinnert daran, wie einfach Glück manchmal sein kann.

Kapitel 9

WINTER: DIE UNTERSCHÄTZTE SCHÖNHEIT

Kapitel 9
Winter: die unterschätzte Schönheit

Winter – die vergessene Jahreszeit

Während der Frühling mit seinem ersten Grün gefeiert wird, der Sommer zum Abenteuer lockt und der Herbst mit bunten Blättern begeistert, scheint der Winter für viele nur eine Zeit des Wartens zu sein. Warten auf wärmere Tage, auf mehr Licht, auf das Ende von Kälte und Dunkelheit. Man sieht ihn durch das Fenster, beschwert sich über eisige Temperaturen – und bleibt drinnen.

Doch genau hier liegt das Problem. Der Winter ist nicht einfach nur die Pause zwischen Herbst und Frühling. Er ist eine Jahreszeit voller Magie, voller neuer Erfahrungen – wenn man sich nur darauf einlässt. Die klare Luft, das Knirschen des Schnees unter den Füßen, die besonderen Lichtstimmungen und die Stille, die es nur im Winter gibt. All das kann man nur erleben, wenn man rausgeht.

Dieses Kapitel ist dem Winter gewidmet, weil ich weiß, wie sehr er unterschätzt wird. Weil ich gesehen habe, wie viele ihn nur von drinnen betrachten, anstatt ihn wirklich zu erleben. Ich hoffe, dass diese Seiten dich inspirieren, den Winter neu zu entdecken – und vielleicht sogar zu deiner neuen Lieblingsjahreszeit zu machen.

Winter, eine Lieblingsjahreszeit?

Wenn die Tage kürzer werden und die Temperaturen sinken, ziehen sich viele Menschen automatisch zurück. Der Winter wird oft als graue, karge Zeit gesehen – eine Phase des Wartens auf den Frühling, auf mehr Sonnenlicht, mehr Wärme, mehr „Leben". Doch wer so denkt, verpasst eine ganze Jahreszeit, die auf ihre ganz eigene Weise faszinierend ist.

Denn Winter bedeutet nicht nur Dunkelheit und Kälte – er bedeutet auch Stille, Klarheit und eine Natur, die sich in ihr vielleicht eindrucksvollstes Gewand kleidet. Es gibt keinen anderen Moment im Jahr, in dem die Welt so ruhig, so friedlich sein kann wie nach einem frisch gefallenen Schnee. Die Geräusche werden gedämpft, der Atem malt kleine Wolken in die Luft, und der Wald scheint sich unter der weißen Decke in eine andere Welt zu verwandeln. Wer jemals bei Sonnenaufgang über eine unberührte Schneelandschaft gelaufen ist, weiß, wie magisch der Winter sein kann.

Und doch bleibt der Winter für viele eine Zeit des Rückzugs. Natürlich sind gemütliche Abende mit einer heißen Schokolade, einem guten Buch oder einem Film schön – aber wenn das alles ist, dann bleibt man monatelang in einer Art Winterschlaf gefangen. Kinder machen das nicht. Kinder gehen hinaus, sobald der erste Schnee fällt, rutschen auf Eisflächen, bauen Schneemänner und erleben die Kälte als etwas Spannendes. Sie sind nicht davon abgeschreckt, dass es friert – sie sehen das Potenzial, das in dieser Jahreszeit steckt. Und genau das können wir von ihnen lernen.

Die Natur im Winter – nichts was man verpassen sollte
Es gibt kaum eine Jahreszeit, in der man die Natur so intensiv erleben kann wie im Winter. Der Schnee deckt die Landschaft zu, vereinfacht die Formen, macht alles ruhiger. Plötzlich sieht man Spuren im Schnee, die im Sommer unsichtbar geblieben wären – die Fährten eines Rehs, eines Hasen oder vielleicht sogar eines Fuchses. Das Leben ist nicht verschwunden, es ist nur versteckter, subtiler.
Die Luft im Winter ist zudem einzigartig. Sie ist klarer, frischer, fühlt sich fast „sauber" an. Es gibt wenige Dinge, die den Kopf so freimachen wie ein Spaziergang an einem frostigen Morgen, wenn die Kälte in die Lungen zieht und man sich danach wacher und lebendiger fühlt als zuvor. Während der Winter für viele mit Müdigkeit und Trägheit verbunden ist, kann er genau das Gegenteil bewirken, wenn man ihn richtig nutzt.

Ein weiteres faszinierendes Phänomen im Winter ist das Licht. Ja, die Tage sind kürzer, aber gerade dadurch bekommen Sonnenaufgänge und -untergänge eine ganz besondere Atmosphäre. Die tiefstehende Sonne wirft lange Schatten, der Himmel färbt sich oft in Pastelltönen, und wenn sich der Schnee in diesem Licht verfärbt, entsteht eine fast unwirkliche Szenerie. Das ist ein Spektakel, das sich viele entgehen lassen, weil sie den Winter nur als Hindernis sehen – dabei kann er eine der schönsten Zeiten im Jahr sein.

Bewegung im Winter – ein verlorenes Vergnügen

Viele verbinden den Winter automatisch mit Faulheit. „Es ist zu kalt draußen", „Es ist zu früh dunkel", „Es ist ungemütlich". Dabei gab es eine Zeit, in der uns das alles egal war – als Kinder. Da gab es kein „zu kalt", sondern nur den Wunsch, den ersten Schnee zu erleben, die Rodelbahn hinunterzusausen oder einfach im dicken Wintermantel durch den Schnee zu stapfen. Warum verlieren wir das? Natürlich verändert sich das Leben, wenn man erwachsen wird, aber bedeutet das wirklich, dass wir aufhören müssen, den Winter aktiv zu nutzen? Rodeln, Eislaufen, eine Winterwanderung oder einfach ein Tag draußen im Schnee – all das ist auch für Erwachsene möglich.

Der Unterschied ist nur, dass wir es verlernt haben, die Kälte als etwas zu akzeptieren, mit dem man sich arrangieren kann. Die richtigen Klamotten anziehen, in Bewegung bleiben – schon ist der Winter kein Hindernis mehr, sondern ein Erlebnis.

Die Bedeutung von Kälte für Körper und Geist
Es gibt wissenschaftliche Beweise dafür, dass Kälte gut für uns ist. Kalte Luft stärkt das Immunsystem, kurbelt den Kreislauf an und kann sogar die Stimmung verbessern. Wer sich regelmäßig Kälte aussetzt – sei es durch kalte Duschen oder einfach durch Zeit in der winterlichen Natur – wird widerstandsfähiger und fühlt sich insgesamt energiegeladener.

Doch nicht nur körperlich, auch mental kann der Winter eine heilsame Zeit sein. Die Stille, die Entschleunigung, die klaren, frostigen Nächte, in denen die Sterne noch heller zu leuchten scheinen – all das sind Dinge, die uns helfen können, den Kopf freizubekommen. In einer Welt, die immer schneller wird, ist der Winter vielleicht die einzige Zeit, die uns zur Ruhe zwingt – und genau das kann ein Geschenk sein, wenn wir es zulassen.

Drei besondere Erlebnisse im Winter

❄ Die Stille nach dem Schneefall

Es gibt kaum einen Moment in der Natur, der so friedlich ist wie ein Spaziergang nach einem frischen Schneefall. Die Welt ist in ein sanftes Weiß gehüllt, jedes Geräusch scheint gedämpft, und alles wirkt entschleunigt. Wer einmal durch einen verschneiten Wald läuft und nur das Knirschen der eigenen Schritte hört, versteht, was wahre Ruhe bedeutet.

🛷 Winterliche Abenteuer – von Rodeln bis Eislaufen

Der Winter bietet so viele Möglichkeiten für Bewegung draußen – und doch nutzen ihn nur wenige. Rodeln, Eislaufen auf einem zugefrorenen See oder eine Schneewanderung durch unberührte Landschaften – all das sind Erlebnisse, die uns nicht nur in Bewegung halten, sondern auch dieses besondere Gefühl von Freiheit vermitteln. Besonders schön: Man fühlt sich danach so richtig angenehm erschöpft und freut sich umso mehr auf eine heiße Schokolade danach.

🔥 Das Gefühl, nach Hause zu kommen

Nach einem Tag in der Kälte gibt es kaum etwas Besseres, als wieder ins Warme zu kommen. Die Wangen glühen, die Hände sind kalt, und das erste, was man macht, ist sich in eine Decke einzukuscheln. Dieses Gefühl des Nachhausekommens ist im Winter einzigartig – aber man erlebt es nur dann, wenn man vorher draußen war. Wer den ganzen Tag drinnen bleibt, wird dieses wohlige Kontrastgefühl nie in seiner vollen Intensität spüren.

Kapitel 11

MIT ALLEN SINNEN ERLEBEN

Kapitel 11
Mit allen Sinnen erleben

Nachdem wir die vier Jahreszeiten durchlebt haben, wird eines deutlich: Jede von ihnen hat ihre eigene Schönheit, ihre eigenen Besonderheiten und ihre eigene Art, uns mit der Natur in Verbindung zu bringen. Doch all das können wir nur dann wirklich spüren, wenn wir uns der Natur nicht nur mit den Augen, sondern mit allen Sinnen öffnen.

Die Natur ist nicht nur eine Kulisse, die man betrachtet – sie ist eine Erfahrung, die sich erst dann wirklich entfaltet, wenn man sie bewusst wahrnimmt. Wir sehen den Wald, doch nehmen wir ihn wirklich wahr? Wir hören das Rauschen des Baches, doch lauschen wir ihm? Und spüren wir den Wind auf der Haut oder nehmen wir ihn nur beiläufig hin?

Genau hier liegt der Schlüssel, um unsere Verbindung zur Natur – und letztlich auch zu uns selbst – zu vertiefen.

Ich erinnere mich an einen Morgen, an dem ich mich für eine Weile auf einen moosbewachsenen Baumstamm setzte. Es war nichts Besonderes passiert, aber zum ersten Mal seit Langem ließ ich alles um mich herum wirklich auf mich wirken. Ich hörte das Tropfen des Taus von den Blättern, roch den würzigen Duft der Erde und fühlte, wie meine Finger über die raue Rinde glitten. In diesem Moment war ich nicht einfach nur draußen, ich war da.

In diesem Kapitel findest du außerdem 5 Mini-Challenges die du alle auf einmal machen kannst!

Sehen – Die Welt mit offenen Augen entdecken

Unser Sehsinn ist wohl der erste, den wir mit der Natur verbinden. Doch während Kinder mit großen, staunenden Augen durch die Welt laufen und in jedem Käfer, jeder Blume und jedem Schatten ein Abenteuer sehen, verlieren wir Erwachsene oft den Blick für die kleinen Wunder.

Wie oft gehen wir durch einen Wald und nehmen ihn nur als grüne Wand wahr? Wie oft sehen wir eine Wiese und denken: „Gras, Blumen, fertig." Doch wenn du wirklich hinsiehst, entfaltet sich eine unglaubliche Vielfalt. Schau dir die Blätter genauer an – wie unterscheiden sie sich in Form und Farbe? Welche Muster erkennst du in der Rinde eines Baumes? Wie reflektiert das Sonnenlicht auf der Wasseroberfläche eines Baches? Wenn du am frühen Morgen unterwegs bist, achte auf den zarten Nebel, der über der Erde liegt. Beobachte, wie sich das Licht im Laufe des Tages verändert, wie es warme, goldene Töne am Nachmittag annimmt und dann langsam dem kühlen Blau der Dämmerung weicht.

Es gibt so viel zu entdecken, wenn du deine Augen trainierst, wieder bewusst wahrzunehmen. Vielleicht fängst du an, kleine Details zu bemerken, die du früher übersehen hast – die winzigen Adern eines Blattes, die kunstvollen Spinnennetze, die in der Morgensonne glitzern, oder das Farbenspiel des Himmels kurz vor einem Gewitter.

Versuche, die Natur einmal so zu betrachten, als würdest du sie zum ersten Mal sehen.

•• **Deine Challenge: Die Natur mit neuen Augen sehen**
Mach heute einen Spaziergang und suche gezielt nach 5 verschiedenen Farben in der Natur. Grün und Braun dürften die einfachsten sein, aber wie siehts mit Pink aus? oder Gelb?

Hören – Die stille Sprache der Natur

In unserer modernen Welt sind wir es gewohnt, von Geräuschen umgeben zu sein – Musik aus Lautsprechern, Autolärm, Stimmen, das ständige Summen von Maschinen. Doch die Natur hat ihre eigene Sprache, und sie ist oft viel subtiler, als wir es gewohnt sind.

Setz dich einmal an einen ruhigen Ort draußen und schließe die Augen. Am Anfang mag es still erscheinen – doch je länger du lauschst, desto mehr wirst du hören. Das leise Rascheln der Blätter im Wind. Das entfernte Zwitschern eines Vogels, das Rufen eines anderen als Antwort. Vielleicht das Summen einer Biene, das Plätschern eines Baches, das sanfte Knacken von Holz, wenn sich die Äste in der Brise bewegen. Im Sommer ist das Zirpen der Grillen ein ständiger Begleiter, während im Herbst das Knirschen der bunten Blätter unter deinen Schuhen einen ganz eigenen Rhythmus hat. Im Winter kann die Stille fast greifbar sein – eine Stille, die erst dann hörbar wird, wenn du wirklich darauf achtest.

Lass die Natur zu einem Konzert für dich werden. Versuche, einzelne Klänge bewusst herauszufiltern und wahrzunehmen. Du wirst erstaunt sein, wie viele Geschichten die Geräusche erzählen können.

Deine Challenge: Die Natur mit offenen Ohren hören
Versuche, einzelne Geräusche zu identifizieren – gibt es unterschiedliche Vogelstimmen? Hörst du den Wind oder vielleicht einen Bach in der Ferne?

Fühlen – Die Natur mit den Händen (und Füßen) begreifen

Wie oft hast du in letzter Zeit etwas wirklich bewusst berührt? Nicht nur im Vorbeigehen, sondern mit voller Aufmerksamkeit? In unserer modernen Welt geht das haptische Erleben oft unter. Wir tippen auf glatte Bildschirme, halten Plastikverpackungen in den Händen und tragen Schuhe mit dicken Sohlen, die uns vom Boden trennen. Aber die Natur ist voller Texturen – und jede erzählt ihre eigene Geschichte.

Setz dich einmal in den Wald und leg deine Hand auf den Waldboden. Spüre, wie weich das Moos unter deinen Fingern ist, wie die Erde leicht nachgibt, wie einzelne Zweige und Blätter sich unterschiedlich anfühlen. Laufe mit deinen Händen an der Rinde eines Baumes entlang – rau, fest, manchmal rissig. Jede Art von Baum hat eine andere Oberfläche. Manche sind grob und spröde, andere fast glatt wie polierter Stein.

Aber nicht nur die Hände – auch deine Füße sind zum Fühlen gemacht! Zieh deine Schuhe aus und lauf über Gras. Am Anfang ist es vielleicht ungewohnt, aber nach ein paar Schritten wirst du merken, wie sich dein Gang verändert. Der Boden fühlt sich plötzlich lebendig an.

Du spürst die Kühle des Morgentaus oder die Wärme der Nachmittagssonne, die noch in der Erde gespeichert ist.

Noch eine Idee: Wenn du an einem Bach oder See bist, tauche deine Hände ins Wasser. Lass das kühle Nass durch deine Finger rinnen. Wie fühlt es sich an? Ist es erfrischend oder eiskalt? Spürst du die leichte Strömung? Halte einen Stein unter Wasser und nimm ihn dann heraus. Wie verändert sich seine Oberfläche, wenn er trocknet?

⚘ Deine Challenge: Der Natur mit den Händen begegnen
Berühre bewusst fünf verschiedene natürliche Oberflächen: einen Baumstamm, ein Blatt, einen Stein, Wasser und Erde. Schließe dabei die Augen und konzentriere dich nur auf das Gefühl. Welche Unterschiede kannst du spüren?

Riechen – Der Duft der Jahreszeiten

Unser Geruchssinn ist einer der mächtigsten Sinne – oft ohne dass wir es merken. Gerüche sind eng mit Erinnerungen verknüpft. Ein einziger Duft kann uns in Sekunden in die Kindheit zurückversetzen, in einen Sommerurlaub oder an einen geliebten Ort.

Die Natur riecht – und jede Jahreszeit bringt ihre eigene Duftwelt mit sich.

Der Frühling riecht nach feuchter Erde, nach frischen Blüten, nach einem Hauch von Regen in der Luft.

Der Sommer duftet nach warmem Gras, nach Kiefernharz, nach sonnengewärmten Steinen.

Der Herbst riecht nach fallendem Laub, nach Pilzen im Wald, nach Nebel, der auf der Haut liegt.

Der Winter duftet nach klirrender Kälte, nach rauchigem Kaminholz, nach dem ganz speziellen Geruch von Schnee.

Und dann gibt es diese speziellen Momente, in denen der Geruch der Natur sich verändert. Direkt nach einem Sommergewitter liegt der unverkennbare Duft von nasser Erde in der Luft – dieses Phänomen nennt sich Petrichor und entsteht, wenn der Regen bestimmte Öle und Mikroorganismen aus dem Boden aufwirbelt.

Oder kennst du den besonderen Geruch eines Waldes am frühen Morgen? Wenn der Tau noch in der Luft liegt und sich die Aromen erst langsam entfalten?

🌿 Deine Challenge: Die Natur erschnuppern

Geh nach draußen und finde fünf verschiedene natürliche Düfte. Zerreibe ein Blatt zwischen den Fingern, schnuppere an einem Baumstamm oder halte deine Nase über feuchte Erde. Kannst du die feinen Unterschiede in den Düften wahrnehmen?

Schmecken – Die Natur auf der Zunge spüren

Wie oft schmeckst du wirklich bewusst? In unserer modernen Welt sind wir es gewohnt, industriell verarbeitete Lebensmittel zu essen, oft voll von Zucker, Salz und künstlichen Aromen. Doch die Natur bietet eine Fülle an echten, unverfälschten Geschmäckern – wenn wir nur bereit sind, sie zu entdecken.

Viele Wildpflanzen sind essbar und waren früher ein fester Bestandteil unserer Ernährung. Hast du schon einmal Sauerampfer probiert? Die kleinen grünen Blätter schmecken überraschend frisch und zitronig. Oder Löwenzahn? Die jungen Blätter haben eine angenehme Bitternote, die perfekt in einen Salat passt.

Wenn du im Sommer durch den Wald gehst, halte Ausschau nach wilden Beeren – Brombeeren, Heidelbeeren, Walderdbeeren. Sie schmecken so intensiv, dass sie kein Vergleich zu den Supermarkt-Versionen sind.

Oder probiere einmal frisches Quellwasser. Wenn du an einer klaren Bergquelle stehst, schöpfe mit deinen Händen und trinke. Du wirst merken, dass es anders schmeckt als Leitungswasser – oft weicher, frischer, manchmal mit einem leichten Hauch von Mineralien.

Im Winter kannst du Schnee auf der Zunge zergehen lassen. Natürlich nur, wenn er frisch und sauber ist – aber das Gefühl, kalte Schneeflocken langsam schmelzen zu lassen, ist eine Kindheitserinnerung, die jeder wieder erleben sollte.

Und dann gibt es die würzigen Düfte der Natur, die auch unseren Geschmackssinn beeinflussen. Wenn du in einem Wald voller Nadelbäume stehst, atme tief durch den Mund ein – du kannst die frische, harzige Note fast schmecken.

🍓 **Deine Challenge: Die Natur schmecken**

Finde eine essbare Wildpflanze (aber nur, wenn du sicher bist, dass sie ungiftig ist!) oder probiere frisches Quellwasser. Achte darauf, wie sich der Geschmack von industriellen Lebensmitteln unterscheidet.

Hausaufgaben
(oder eher, Draußen-Aufgaben!)

Sinne aufwecken!
Schreibe diese Aufgaben auch gern in dein eigenes Natur-Tagebuch!

1. Sehen •• – Die versteckten Details entdecken
Suche dir einen kleinen Bereich (z. B. eine Baumrinde, eine Blüte oder einen Stein) und betrachte ihn ganz genau. Was entdeckst du, das dir vorher nicht aufgefallen ist?

_____

_____

2. Schmecken 🌿 – Die Luft auf der Zunge spüren
Atme tief durch die Nase ein und lasse die Luft über deine Zunge strömen. Schmeckt sie frisch, würzig oder trocken?

_____

_____

3. Wärme & Kälte 🌡 – Temperatur bewusst spüren
Lege deine Hand auf einen Stein, einen Baumstamm oder in einen Bach. Wie fühlt sich die Temperatur an?

_____

_____

Barfuß laufen –
mein ultimativer Gamechanger!

Es sind die kleinen Dinge, die einen großen Unterschied machen – und das gilt besonders für die Verbindung zur Natur. Manchmal braucht es gar nicht viel, um den Alltag hinter sich zu lassen und wirklich im Hier und Jetzt zu sein.

Drei einfache Dinge, die du täglich tun kannst, sind: barfuß laufen, Sonne tanken und frische Luft bewusst wahrnehmen.

Barfuß laufen: Das ursprüngliche Gefühl

Kennst du das Gefühl, den Boden unter deinen Füßen zu spüren, während du barfuß über den Rasen, durch den Sand oder auf einem **Waldboden** gehst? Unsere Füße sind so viele Jahre von Schuhen umhüllt, dass wir oft vergessen, wie wichtig der Kontakt zur Erde ist.

Barfuß laufen hat eine Vielzahl von **positiven Effekten**:

- Verbesserung der Durchblutung – Die natürlichen Druckpunkte in unseren Füßen werden aktiviert.
- Stärkung der Muskulatur – Du trainierst deine Fußmuskulatur und Balance.
- Stressabbau – Der direkte Kontakt zur Erde hilft, Spannungen abzubauen und fördert ein Gefühl von Erdung und Ruhe.

Tipp:

Fang klein an und geh in deinem Garten oder im Park ein paar Minuten barfuß. Achte dabei auf das Gefühl unter deinen Füßen – auf den Boden, das Gras, die Erde. Du wirst merken, wie sich dein Körper entspannt.

Mein achtsames Barfuß-Abenteuer

ERLEBNIS-SEITE

Wo bin ich langgelaufen?

_____

Wie lange war ich barfuß?

_____

Auf was bin ich alles getreten? (z.B.: Moos, spitze Steine, Sand..)

_____

_____

3 Dinge die mir aufgefallen sind:

1

2

3

Kapitel 12

DIE VERBORGENE WELT DER TIERE

Kapitel 12
Die verborgene Welt der Tiere

Wenn du durch einen Wald spazierst, durch eine Wiese streifst oder einfach in einem Park sitzt – glaubst du, du bist allein? Die Wahrheit ist: Du bist es nie. Um dich herum spielt sich eine Welt ab, die oft ungesehen bleibt. Eine Welt voller kleiner und großer Lebewesen, die sich verstecken, tarnen oder einfach so unauffällig sind, dass wir sie gar nicht bemerken. Tiere sind Meister darin, unter dem Radar zu bleiben. Doch wenn man lernt, genauer hinzusehen, dann öffnet sich eine völlig neue Dimension der Natur.

Ich erinnere mich noch gut an meine ersten bewussten Versuche, die verborgene Welt der Tiere zu entdecken. Früher dachte ich, dass man einfach Glück haben muss, um Tiere zu sehen – bis ich merkte, dass es viel mehr um Geduld, Achtsamkeit und das richtige Beobachten geht. Besonders Eichhörnchen haben mich dabei fasziniert. Diese kleinen Akrobaten der Baumkronen sind wahre Meister der Tarnung. Ich habe oft minutenlang regungslos auf eine Stelle gestarrt, bis sich plötzlich ein buschiger Schwanz bewegte oder ein leises Rascheln verriet, dass ein Eichhörnchen nur wenige Meter entfernt war.

Sobald man sie einmal entdeckt hat, kann man ihnen ewig zusehen – wie sie von Ast zu Ast springen, eifrig Nüsse vergraben oder mit ihrem flauschigen Schwanz balancieren.

Tiere sind überall – du musst nur lernen, sie zu sehen
Aber es sind nicht nur Eichhörnchen. Selbst in der Stadt, in einem winzigen Garten oder am Straßenrand gibt es Leben, das wir oft übersehen. Die Amsel, die frühmorgens ihr Lied singt, die Spinne, die ihr Netz zwischen zwei Laternen gesponnen hat, oder die winzige Maus, die blitzschnell über den Gehweg huscht. Ich habe gelernt, dass man Tiere nicht nur mit den Augen finden kann – manchmal verraten sie sich durch Geräusche, durch Spuren oder sogar durch ihren Duft.

Tierspuren sind wie ein geheimes Buch, das sich direkt vor unseren Füßen öffnet. Fußabdrücke im Schlamm oder Schnee, Fraßspuren an Blättern, kleine Tunnel im Gras – all das erzählt eine Geschichte. Einmal habe ich im Wald eine Reihe winziger Pfotenabdrücke im frisch gefallenen Schnee entdeckt. Sie führten von einem Baumstamm zu einem umgestürzten Holzstück, verschwanden dann und tauchten ein paar Meter weiter wieder auf. Ich war mir sicher:

Ein Marder war in der Nacht unterwegs gewesen. Und plötzlich hatte dieser stille, ruhige Wald eine ganz andere Bedeutung – ich konnte mir vorstellen, wie er nachts zum Leben erwacht, während ich schlafe.

Die Kunst des stillen Beobachtens

Das Problem ist oft, dass wir zu laut, zu hektisch und zu ungeduldig sind. Tiere zeigen sich nicht, wenn wir trampelnd durch den Wald gehen oder dauernd auf unser Handy schauen. Ich habe mir angewöhnt, mich manchmal einfach hinzusetzen und nichts zu tun – nur zu beobachten, zu lauschen, zu warten. Und es funktioniert! Einmal saß ich am Rand einer Lichtung, als ein Reh aus dem Dickicht trat. Es wusste nicht, dass ich da war, und ich konnte es minutenlang beobachten, bis der Wind meine Witterung zu ihm trug und es mit einem eleganten Sprung wieder im Wald verschwand.

Es gibt ein besonderes Gefühl, das einen überkommt, wenn man Tiere in ihrem natürlichen Lebensraum beobachtet – als würde man kurz in eine andere Welt eintauchen. Eine Welt, die schon immer da war, aber erst sichtbar wird, wenn man bereit ist, wirklich hinzusehen.

Wie du selbst die verborgene Welt der Tiere entdecken kannst

Vielleicht fragst du dich jetzt: „Wie kann ich das selbst erleben?" Die gute Nachricht ist: Es braucht nicht viel! Hier sind ein paar Tipps, die mir geholfen haben, Tiere zu entdecken:

- **Geh leise und langsam:** Je ruhiger du bist, desto größer ist die Chance, dass sich Tiere zeigen. Setz dich einfach mal eine Weile hin und warte ab.

- **Achte auf Spuren:** Schau dir den Boden, die Bäume und Sträucher genau an. Gibt es Fraßspuren? Fußabdrücke? Vielleicht sogar Kot oder Gewölle von Eulen?

- **Lass deine Augen wandern:** Manchmal verstecken sich Tiere in offensichtlichen Verstecken. Achte auf ungewöhnliche Bewegungen oder Farben, die nicht ins Bild passen.

- **Nutze deine Ohren:** Viele Tiere hörst du, bevor du sie siehst. Ein Rascheln im Laub? Ein leises Zwitschern? Manchmal genügt es, diesen Geräuschen zu folgen.

- **Geh auch mal bei Dämmerung raus:** Viele Tiere sind in den frühen Morgenstunden oder am Abend unterwegs. Gerade Füchse, Eulen oder Rehe zeigen sich oft erst, wenn die meisten Menschen schon wieder drinnen sind.

Deine Challenge: Die geheime Welt der Tiere entdecken!

Heute ist dein Tag! Geh nach draußen und versuche, mindestens drei verschiedene Tiere zu entdecken. Das können Eichhörnchen, Vögel, Insekten oder auch Spuren sein. Notiere, welche Tiere du siehst oder hörst und wie du sie entdeckt hast. War es durch ihre Bewegung? Durch Geräusche? Oder vielleicht durch ihre Spuren?

Vielleicht wirst du überrascht sein, wie viel Leben dich umgibt – du musst nur genau hinsehen. Die Natur ist voller Wunder, und die Tiere sind ihre verborgenen Bewohner.

REH

GRAUGANS

SILBERREIH

Meine Tierentdeckungs
ERLEBNIS-SEITE

Spurensuche: Gehe raus in die Natur (Wald, Park, Feldweg) und suche nach drei verschiedenen Tier-Spuren. Das können Fußabdrücke, Fraßspuren, Kot oder andere Hinweise sein. Notiere oder skizziere sie hier:

Vogelbeobachtung: Setz dich für 10 Minuten an einen ruhigen Ort und zähle, wie viele verschiedene Vögel du sehen oder hören kannst. Welche Farben oder Gesänge erkennst du?

_____

_____

Lieblingstier-Check: Welches Tier hast du heute gesehen oder gehört, das dich besonders fasziniert hat? Warum?

_____

_____

Kapitel 12

DEINE 30 TAGE CHALLENGE

Wir haben schon viel gelernt!

In den letzten Kapiteln hast du gelernt, die Natur bewusster wahrzunehmen, deine Umgebung mit neuen Augen zu sehen und kleine Abenteuer direkt vor deiner Haustür zu erleben. Du hast die Natur mit all deinen Sinnen erkundet und vielleicht sogar dein eigenes Naturtagebuch begonnen.

Doch das Wichtigste kommt jetzt: Dranbleiben! 🌿
Diese nächste Challenge gibt dir für 30 Tage kleine Aufgaben, die du ganz einfach in deinen Alltag einbauen kannst. Sie helfen dir, deine Verbindung zur Natur weiter zu vertiefen – mit spannenden Entdeckungen, neuen Routinen und kreativen Ideen.

📖 So nutzt du die Challenge:
Erlebe in den nächsten 30 Tagen jede einzelne Aufgabe auf der nächsten Seite. Du kannst die Aufgaben in deiner eigenen Reihenfolge machen – wichtig ist nur, dass du sie wirklich ausprobierst!

Los geht's mit den 30 Tagen Natur!

30 TAGE CHALLENGE

Schaffst du es alle Aufgaben in 30 Tagen zu erleben?

BARFUß LAUFEN 5 Minuten über Gras oder Erde	**SONNE BEGRÜßEN** Früh aufstehen und genießen	**LIEBLINGSBAUM** Einen schönen Baum finden	**NATUR LAUSCHEN** 3 Minuten mit geschlossenen Augen	**FRISCHE LUFT** tief durchatmen, bewusst wahrnehmen
FEDER FINDEN Achte auf den Boden beim Gehen	**WASSER FÜHLEN** Bach, See oder Regen fühlen	**BLATT ANSEHEN** Struktur & Farben anschauen	**NATUR RIECHEN** Blumen, Erde oder Bäume	**WOLKENBILDER** Welche Formen erkennst du?
KÄFER FINDEN Seine Bewegungen studieren	**NATURMANDALA** Mit Blättern & Steinen legen	**RINDE ERTASTEN** Verschiedene Baumrinden fühlen	**REGEN GENIEßEN** Kurz stehen bleiben & einfach **sein**	**NACHMACHEN** Vogelstimmen oder Blätterrauschen
MOOS FÜHLEN Mit der Hand oder den Füßen	**NACHTS RAUSGEHEN** Natur im Dunkeln erleben	**ORT BENENNEN** Einem schönen Platz einen Namen geben	**TIER BEOBACHTEN** Still & ohne Ablenkung	**FARBEN FINDEN** Fünf Naturfarben sammeln
BLATT PRESSEN Ein schönes Blatt trocknen	**BESTIMMEN** Mit App oder Buch Pflanze bestimmen	**WIND SPÜREN** Einige Minuten bewusst fühlen	**BAUM UMARMEN** Verbindung spüren	**NATUR NOTIEREN** Erlebnisse im Tagebuch festhalten
PICKNICK MACHEN Allein oder mit anderen	**OHNE HANDY** die Natur ohne Handy genießen	**ELEMENTE** Erlebe Feuer, Wasser, Erde & Wind	**ANSTECKEN!** Nimm jemanden in die Natur mit	**NATUR INPUT** schaue und kommentiere ein Video von mir

Notizen zur 30 Tage Challenge

Hier hast du Platz, deine Gedanken, Erfahrungen und Erlebnisse während der 30 Tage Challenge zu notieren. Glaub mir, es ist so toll und spannend, Erlebnisse niederzuschreiben und zu lernen, was man daraus für Weisheiten ziehen konnte!

_____

_____

_____

_____

_____

_____

_____

_____

_____

_____

_____

_____

Notizen zur 30 Tage Challenge

_____

_____

_____

_____

_____

_____

_____

_____

_____

_____

_____

_____

_____

_____

Kapitel 13

UNSERE
NATUR
REISE

Kapitel 3
Unsere Natur Reise

Das Buch endet – aber deine Reise beginnt erst!

Und so sind wir nun am Ende dieses Buches angelangt. Seite für Seite haben wir uns durch verschiedene Themen gearbeitet – über unsere Entfremdung von der Natur, über die Jahreszeiten, über das kindliche Staunen, über Stress, über unsere Sehnsucht nach Einfachheit und Wildnis. Wir haben darüber gesprochen, warum so viele von uns den Bezug zur Natur verloren haben, und was wir tun können, um ihn zurückzugewinnen. Vielleicht hast du dich in manchen Kapiteln ertappt gefühlt, vielleicht hast du bei anderen eifrig genickt und gedacht: „Ja, genau so ist es." Vielleicht hat dich manches überrascht, vielleicht hat dich manches motiviert.

Aber egal, was du aus diesem Buch mitgenommen hast – es wäre schade, wenn es nun einfach nur als gelesenes Werk im Regal verstaubt. Denn das, worum es hier wirklich geht, beginnt erst jetzt. Denn Lesen allein verändert nichts. Die Natur kann dich nicht berühren, wenn du nur über sie liest. Sie kann dir keine Kraft geben, wenn du nicht rausgehst. Sie kann dir keine Erinnerungen schenken, wenn du sie nicht erlebst.

Deine ersten Schritte hast du bereits gemacht

Vielleicht ist dir das gar nicht bewusst, aber du hast bereits angefangen. Die Erlebnisseiten, die Challenges und Aufgaben in diesem Buch waren nicht einfach nur kleine Extras – sie waren deine ersten Schritte zurück in die Natur. Vielleicht hast du bewusst den Himmel betrachtet, vielleicht bist du einer kleinen Aufgabe nachgegangen und hast gemerkt, wie sich deine Sichtweise verändert. Vielleicht hast du einfach nur über manche Dinge nachgedacht, die du früher ganz anders gesehen hast.

Und genau hier liegt der Schlüssel: Du hast es schon getan. Du hast bereits angefangen, die Natur mit anderen Augen zu sehen. Jetzt kommt es nur darauf an, nicht damit aufzuhören.

Die Natur wartet auf dich – immer und überall

Vielleicht hast du während des Lesens manchmal gedacht: „Das klingt schön, aber mein Alltag lässt das nicht zu." Vielleicht ist dein Leben hektisch, vielleicht wohnst du in einer Stadt, vielleicht hast du kaum Zeit oder Gelegenheit, in dichte Wälder oder an einsame Seen zu fahren. Aber das ist nicht der Punkt.

Die Natur ist nicht nur in fernen Wäldern oder auf beeindruckenden Berggipfeln. Sie ist überall. Sie ist der Wind auf deiner Haut, das Licht, das durch dein Fenster fällt, die Kräuter, die zwischen Pflastersteinen wachsen. Sie ist in der Luft, die du atmest, in den Geräuschen der Vögel am Morgen, im Rauschen des Regens auf deinem Dachfenster. Sie ist im kleinen Park um die Ecke, in einem Baum, den du bisher nie beachtet hast.

Und egal, wo du bist oder wie dein Leben aussieht – du kannst diesen Kontakt jederzeit bewusst herstellen. Du kannst lernen, wieder hinzusehen, wieder zu spüren, wieder mit der Natur in Verbindung zu treten. Und du kannst das Wissen und die Gedanken aus diesem Buch nutzen, um dein Leben mit mehr Natur zu füllen.

Was du jetzt tun kannst

Lass dieses Buch nicht einfach ein schönes Leseerlebnis bleiben. Mach etwas daraus. Überlege dir, was dich am meisten berührt hat. War es der Gedanke, dass wir als Kinder ganz anders mit der Welt umgegangen sind? War es die Erkenntnis, dass Stress uns von der Natur entfremdet? War es die Faszination über die Kraft der Jahreszeiten?

Egal, was es war – nutze es!

- Lies das Buch gerne noch einmal, aber diesmal mit dem Fokus auf Umsetzung. Nicht als Unterhaltung, sondern als eine Art Anleitung. Oder du setzt dir als Ziel, dieses Buch **ausschließlich** in der Natur lesen zu dürfen.
- Setz dir eine kleine Challenge. Geh raus und such dir einen Ort, den du neu entdecken willst. Einen Ort, an dem du die Natur mit offenen Augen erlebst.
- Verändere eine Kleinigkeit in deinem Alltag. Vielleicht ein täglicher Spaziergang. Vielleicht das bewusste Beobachten der Jahreszeiten. Vielleicht ein Wochenende ohne Bildschirmzeit, um stattdessen die Natur zu genießen.

Deine Natur-Reise ist nie zu Ende

Dieses Buch hat ein letztes Kapitel, aber dein Weg hat keinen festen Endpunkt. Es gibt keine „Abschlussprüfung", kein „Zertifikat", das dir bescheinigt, dass du jetzt genug mit der Natur verbunden bist. Es ist eine Reise, die du dein ganzes Leben lang gehen kannst. Eine Reise, die sich verändert, die wächst, die neue Seiten von dir und der Welt offenbart. Manchmal wirst du viel draußen sein, manchmal wird der Alltag dich wieder einholen. Manchmal wirst du voller Staunen sein, manchmal wirst du vergessen, wie wichtig dir das alles war.

Und das ist okay. Solange du immer wieder zurückfindest, solange du dir selbst immer wieder sagst: „Ich will mich verbinden, ich will spüren, ich will erleben" – solange wirst du auf diesem Weg bleiben.

Und wer weiß? Vielleicht inspiriert dein Weg auch andere. Vielleicht wird jemand durch dich wieder mehr in die Natur gehen. Vielleicht siehst du selbst irgendwann, wie sehr sich deine Sichtweise verändert hat.

Die Natur wartet. Die Welt wartet. Dein Abenteuer beginnt **jetzt**.

Danksagung

Zum Abschluss dieses Buches möchte ich noch ein paar Worte an die Menschen richten, ohne die das alles nicht möglich gewesen wäre – an euch, meine Community.

Ihr seid es, die mich tagtäglich inspirieren. Eure Nachrichten, eure Kommentare, eure Gedanken und Geschichten haben mich so oft zum Nachdenken gebracht, mich motiviert und mir gezeigt, dass wir alle irgendwo dieselbe Sehnsucht in uns tragen: die Natur wieder mehr zu spüren, bewusster zu leben und uns mit der Welt um uns herum zu verbinden. Dieses Buch ist nicht nur mein Werk – es ist auch eures.

Es ist entstanden aus all den Gesprächen, die wir geführt haben, aus euren Fragen, euren Anregungen, euren eigenen Erlebnissen. Ich habe so viele Nachrichten bekommen von Menschen, die mir erzählt haben, wie sie nach langer Zeit wieder barfuß über eine Wiese gelaufen sind, wie sie plötzlich die kleinen Dinge in der Natur mit neuen Augen sehen oder wie sie einfach mal innegehalten und tief durchgeatmet haben. Ohne eure Unterstützung, ohne eure Begeisterung und ohne die wunderbare Gemeinschaft, die wir zusammen aufgebaut haben, wäre dieses Buch vielleicht nie entstanden.

Ihr habt mich immer wieder daran erinnert, warum ich das hier mache – und dafür danke ich euch von Herzen.

Egal, ob ihr mich auf Instagram, YouTube oder TikTok begleitet, ob ihr seit Jahren dabei seid oder erst vor Kurzem dazugekommen seid – ich schätze jeden Einzelnen von euch. Und ich hoffe, dass dieses Buch euch genauso viel geben kann, wie ihr mir jeden Tag gebt.

Lasst uns weiter gemeinsam entdecken, staunen und die Natur mit offenen Augen erleben. Danke, dass ihr hier seid.

euer Dennis